NUBE POR EL DÍA,
FUEGO POR LA NOCHE

NUBE POR EL DÍA, FUEGO POR LA NOCHE

▼

Cómo encontrar y seguir la voluntad de Dios

A.W. TOZER

COMPILADO Y EDITADO POR JAMES L. SNYDER

BETHANYHOUSE

una división de Baker Publishing Group

Minneapolis, Minnesota

Portada diseñada: *Rob Williams, InsideOutCreativeArts*
Desarrollo editorial: *Grupo Nivel Uno, Inc.*

James L. Snyder es representado por The Steve Laube Agency.

ISBN: 978-0-7642-3609-9

19 20 21 22 23 24 25   7 6 5 4 3 2 1

Contenido

De día, el Señor iba al frente de ellos en una columna de nube para indicarles el camino; de noche, los alumbraba con una columna de fuego. De ese modo podían viajar de día y de noche. Jamás la columna de nube dejaba de guiar al pueblo durante el día, ni la columna de fuego durante la noche.

Éxodo 13:21-22

Date cuenta, Israel, que yo envío mi ángel delante de ti, para que te proteja en el camino y te lleve al lugar que te he preparado.

Éxodo 23:20

Introducción

Un tema muy importante en el ministerio del doctor A. W. Tozer fue el de la voluntad de Dios para cada una de nuestras vidas. Luchó con eso desde que era un nuevo creyente hasta el día en que pasó a la eternidad.

Este libro, extraído de una serie de sermones que Tozer expuso justo antes de terminar su exitoso trabajo en la iglesia en Chicago, no es un manual sobre cómo encontrar la voluntad de Dios para su vida en cinco pasos fáciles. Tozer aborrecía ese tipo de asuntos. No existe tal cosa como "pasos fáciles" para descubrir la voluntad de Dios con su vida.

Cuando Tozer predicaba estos sermones, la gente de la congregación SouthSide Alliance Church no conocía sus planes, pero ciertos desarrollos llevaron a Tozer a terminar sus treinta años en Southside y aceptar un llamado a pastorear una iglesia en Toronto. Estoy seguro de que luchó con la decisión durante mucho tiempo. La serie, titulada "Un ángel delante de usted", también tiene una gran importancia porque Tozer dio a conocer una serie de historias personales, incluida una acerca de cómo Dios lo llevó desde Indianápolis, donde fue un pastor exitoso, a la SouthSide Alliance, que era bastante nueva en aquel momento.

La esencia de la enseñanza de Tozer es lo que le gustaba llamar la vida más profunda. Una vida que es espiritualmente más profunda que la del cristiano promedio. Él se lamentaba de la degradación del cristianismo en su época. El cristianismo al que estaba consagrado consiste en una mejora progresiva de nuestro camino con Jesucristo.

Tozer creía que vivir y modelar la vida cristiana era más que ser salvado por Dios y luego esperar para ir al cielo. Varias veces le decía a su congregación de Chicago algo como lo siguiente: "Si todos ustedes hoy fueran físicamente lo que eran espiritualmente, muchos usarían pañales y se chuparían los pulgares". Siempre se reían, pero él tenía razón.

A lo largo de este libro, Tozer habla sobre las batallas que los cristianos enfrentan casi todos los días. Él encuadra estas batallas como si sucedieran en Canaán, como él dice, la tierra prometida donde vivimos hoy. Hay algunos que descartan la idea de que un cristiano enfrentará batallas o necesitará una guerra espiritual. Sin embargo, la realidad es que todos experimentamos batallas de acuerdo con el nivel de nuestro progreso en Canaán. En el capítulo 15, Tozer muestra la conexión entre las batallas y las bendiciones. Él señala que uno no puede tener una bendición hasta que haya experimentado una batalla. Pero el propósito de la batalla es llevarnos a la bendición. Tozer explora otra aparente dicotomía en el capítulo 22, donde habla sobre los beneficios que pueden surgir del desaliento. Solo Tozer podría mirar algo tan negativo y encontrar aspectos positivos desde un punto de vista espiritual.

Cualquiera que haya escuchado uno de los sermones del doctor Tozer conoce su gran amor por los himnos. Cada capítulo comienza con una oración de Tozer y concluye con uno o dos versos de un himno que refleja el tema de ese capítulo.

Lo principal que creo que Tozer querría que el lector sacara de este libro es simplemente esto: No se rinda nunca; no renuncie nunca. Muchas cosas o situaciones en la vida nos pueden llevar a ese punto de desaliento en el que todo lo que queremos hacer es renunciar, especialmente cuando la voluntad de Dios para nosotros no está muy clara. Para Tozer, renunciar no era una opción. Leerá cómo, cuando era joven, Tozer sintió la dirección de Dios para convertirse en pastor. Carecía de las calificaciones típicas que un comité de ordenación eclesial requeriría, pero estaba determinado y tenía fe en que eso era la voluntad de Dios. Supo, años más tarde, que muchos de los miembros del comité cuestionaron sus calificaciones; pero también vieron su pasión por el ministerio e hicieron posible la ordenación. Me encanta esa historia.

Este libro, más que de encontrar la voluntad de Dios en cuanto a su próximo paso o decisión en la vida, trata acerca de seguir su voluntad hasta el final. Solo con nuestros recursos humanos, seguir a Dios sería imposible. Pero cuando cruzamos esa línea hacia la vida más profunda, entramos en esa gracia de Dios que nos permite hacer su voluntad.

1

En busca de dirección

▼

Padre celestial, acudo ante ti anhelando saber y deseando confiar en ti. Que mi corazón esté abierto a todo lo que tienes que darme, para que pueda estar donde quieres que esté. Permite que me rinda a tu ángel delante de mí e ir al lugar que desees para mí. Mantenme bajo la nube de día y el fuego de noche. En el nombre de Jesús, amén.

Hace treinta y dos años, en una hora crucial y dolorosa de mi vida, Dios comenzó a hablarme acerca de su voluntad conmigo. Había sido pastor de la iglesia de la Alianza Cristiana y Misionera en Indianápolis durante varios años, y Dios me estaba bendiciendo y usándome de maneras maravillosas. La iglesia estaba creciendo y ejercía un tremendo impacto en la comunidad, por lo que no tenía ningún deseo de irme de Indianápolis.

Luego comencé a recibir cartas de la iglesia de la Alianza Cristiana y Misionera en Chicago, en las que me invitaban a presentar mi candidatura al pastorado de esa congregación. Como no tenía ningún interés en mudarme, lanzaba las cartas a la basura. Sin embargo, Dios comenzó a hablarme sobre Chicago, aunque no estaba seguro de por qué. Finalmente, decidí que iría a predicar allí un domingo, pero el asunto pastoral de la iglesia estaba fuera de discusión. Después de predicar, informé a las buenas personas allí presentes usando las palabras del famoso Calvin Coolidge: "Opto por no ser candidato".

Sin embargo, de regreso a Indianápolis, me encontré en una agónica y profunda oración inquisitoria. Dios estaba hablando a mi corazón y yo no sabía lo que debía hacer. Realmente estaba en un dilema espiritual.

Cuando Dios nos habla, lo hace de una manera que nos abre su plan para nuestras vidas. Pensé que el plan de Dios para mí era permanecer en Indianápolis. Todo iba bien. La iglesia estaba creciendo y nuestra influencia se dejaba sentir en toda la ciudad.

Esa mañana en Chicago prediqué sobre Éxodo 23:20, que dice: "Date cuenta, Israel, que yo envío mi ángel delante de ti, para que te proteja en el camino y te lleve al lugar que te he preparado". Entendí el significado histórico y principal del pasaje. Ciertamente podría predicar un sermón sobre esa escritura y luego irme.

Dios, sin embargo, no lo permitiría.

Vi y sentí el significado directo de las Escrituras para mí. Dios me estaba hablando a mí, un hijo espiritual de Abraham, de su pacto con Abraham. Las leyes espirituales estaban en efecto y Dios estaba llegando a mí con ello. Era aplicable a mí como individuo, pero también a la iglesia en su peregrinaje terrenal.

Creo firmemente que Dios está hablando hoy a la iglesia en general y nos está dando órdenes basadas en su pacto con Abraham. Dios está dirigiendo a su pueblo de la manera que quiere que este marche. Casi nunca es el camino que queremos seguir, pero a medida que nos entregamos a Dios, Él abre puertas y nos lleva hacia adelante. Por tanto, la responsabilidad de la iglesia es escuchar esa voz y luego obedecerla.

Después de mucha oración profunda buscando la voluntad de Dios, finalmente decidí aceptar el pastorado en Chicago. Fue un gran cambio para mí. La iglesia era relativamente nueva, con poco legado del cual hablar. Entré como un niño de campo y comencé mi ministerio en la gran ciudad.

Estoy aquí para testificar que cuando Dios me habló de Chicago y respondí afirmativamente, cumplió su pacto conmigo a pesar de mis fallas personales. Seré el primero en reconocer que he tenido muchos fracasos. Usted no puede vivir mucho tiempo y no acumularlos. Pero en su gracia, Dios nos usa, en los fracasos y en todo, de tal manera que Él reciba la gloria.

Dios se ha estado moviendo en nuestra congregación y presentando oportunidades para que cumplamos su voluntad en nuestras vidas. Casi veinticinco jóvenes han salido como misioneros, sirviendo al Señor Jesucristo. Otros diez o más se han convertido en pastores y predicadores, y nuestra congregación los ha animado a cumplir el llamado de Dios a sus vidas. Además, tenemos una gran cantidad de músicos, directores de orquesta y misioneros locales. También me alegra cómo ha estado Dios bendiciendo financieramente nuestro servicio en las misiones extranjeras, moviendo nuestros corazones para darle con sacrificio a Él.

En su gracia, Dios nos usa, en los fracasos y en todo, de tal manera que Él reciba la gloria.

Cuando permitimos que la Palabra de Dios vaya más allá de nuestros oídos y entre en nuestros corazones, nos estimula a hacer lo que Dios nos está pidiendo que hagamos.

Cada uno de nosotros enfrentará desafíos en la vida, individualmente y en nuestras iglesias. Nuestra congregación se está viendo afectada por la tendencia constante de la industria y las personas que se trasladan a las comunidades urbanas. El vecindario se ha deteriorado a nuestro alrededor y el crimen está dificultando la celebración de algún tipo de servicio nocturno. La paralización del sistema de transporte público también ha impedido que muchas personas acudan a nuestra iglesia. Ninguna de esas cosas pudo haberse previsto hace veinte años. Nuestro enfoque fue y está en obedecer a Dios y responder a su voz.

Los viajeros que pasan por una tierra desconocida necesitan escuchar una palabra clara, una voz de sabiduría, para que los guíe. De lo contrario, vagarán con una desesperada sensación de pérdida.

Para evitar giros erróneos, debemos basar cada decisión en la autoridad y la sabiduría de la Palabra de Dios. Mi objetivo con este libro es ayudarlos a entender esta clara Palabra de Dios. ¿Qué está diciendo Dios? ¿Dónde puedo escuchar esta voz que me guiará a lo largo de mi vida? Es la voz de Dios la que guiará nuestro camino a través de nuestros propios ríos Jordán camino a la tierra prometida. Sin esa voz de Dios, nuestro Jordán nunca se abrirá y nunca lo cruzaremos.

▼

Guíame, oh tú, gran Jehová

Guíame, oh tú, gran Jehová,
Peregrino a través de esta tierra árida;
Soy débil, pero tú eres poderoso.
Sostenme con tu poderosa mano.
Pan del cielo, pan del cielo,
Nútreme hasta que no quiera más;
Nútreme hasta que no quiera más.

William Williams (1717-1791)

2

La inconfundible voz de Dios

▼

Padre celestial, el mayor deseo de mi corazón es oír de ti. No solo escuchar sobre ti, sino percibir tu inconfundible voz resonar dentro de mi corazón, instándome a asumir una posición de obediencia ante ti. Óyeme, oh Padre, para que pueda escuchar esa inconfundible voz tuya. Ruego esto en el nombre de Jesús, amén.

Con todo tipo de voces que abundan en el mundo, a menudo somos más cautivados por ellas que por la de Dios. Aun cuando Él nos diga "¡Óyeme!", para llamar nuestra atención, es probable que no lo oigamos porque nos hemos rodeado de actividades y cosas que hacen inaudible su voz. Sugiero que eliminemos esas cosas de nuestras vidas para que podamos escuchar la voz —más apacible, tierna y poderosa— de Dios.

Dios da el primer paso con el fin de darle dirección a su vida. En las Escrituras que estamos estudiando, Éxodo 23:20-23, nos promete: "Yo envío mi ángel delante de ti". No dejará que vacilemos. Más bien, enviará a su ángel para guiarnos.

El Señor, además, asume la responsabilidad de "protegernos en el camino" (v. 20). Envía a su ángel delante de nosotros para que sepamos qué camino tomar en medio de las muchas desviaciones de la vida. Incluso las aparentes oportunidades pueden convertirse en distracciones si no son la voluntad de Dios. Por lo tanto, este ángel es para mantenernos en la forma en que Él quiere que andemos.

Dios también promete "llevarle al lugar" (v. 20). Esto es crucial. Dios comienza nuestra marcha, y el ángel conoce el camino; solo él puede llevarnos al lugar elegido por Dios. La sabiduría de Dios nos abre oportunidades divinas. Puede que no reconozcamos eso en el momento, pero una voz interior le ha de hablar con confianza: "Este es el camino, síguelo" (Isaías 30:21).

Éxodo 23:20 concluye con "al lugar que te he preparado". Dios ya ha preparado el lugar donde quiere que vayamos. Al venir a Chicago, realmente no sabía que Dios había preparado a Chicago para mí y a mí para Chicago. Necesitamos serenarnos un poco, alejarnos del ruido del mundo y escuchar la voz de Dios puesto que Él tiene todo listo. Nos ha preparado un lugar de servicio y ministerio, por lo que abrirá las puertas necesarias, a pesar de los obstáculos y la confusión que podamos experimentar durante el viaje.

Necesito calmar mi corazón para escuchar la dirección de Dios. Esto debe convertirse en una disciplina diaria para todos nosotros. Es demasiado fácil y conveniente confiar en las inclinaciones humanas. Gravitamos hacia métodos terrenales. Queremos una comprensión humana. Culturalmente, nos hemos vuelto adictos a los dispositivos y la tecnología. Sin embargo, aquellos que se niegan a confiar en estas inclinaciones y recursos humanos son los que tienen los oídos abiertos para escuchar la voz del Señor.

También debemos tener el deseo de entrar en el lugar preparado por Dios. Ahí es donde quiero ir. Creo que todos los que hemos nacido de nuevo y amamos al Señor Jesucristo debemos querer ir a ese lugar que Dios ha preparado para nosotros: el ministerio que Él ha establecido para nosotros. Puede que no sepamos qué es eso inicialmente. Puede parecer ambiguo, pero debemos confiar en que Dios sabe lo que está haciendo y nos guiará a través de nuestro Jordán.

Yo sabía cuál era mi ministerio en Indianápolis. Cuando Dios me llamó a Chicago, no tenía una visión para el ministerio en ese lugar. Indianápolis y Chicago son diferentes ciudades y requieren distintos ministerios. No lo supe hasta que llegué allí.

Aquellos que están dispuestos a seguir el camino de Dios quieren escuchar la voz de Dios. La voz del hombre va por un camino, pero el camino de Dios siempre es el mejor. Cuando me rinda a Dios, cuando acepte nada menos que el camino de

Dios que me fue revelado a través de su voz, llegaré al lugar que Él quiere para mí.

Tener fe para seguir la instrucción de Dios no es fácil. Es posible que nos encontremos con muchas dificultades, conflictos que no anticipamos. Habrá ocasiones en que querremos escapar. Pero los que ponemos nuestra fe y confianza en Jesucristo debemos darnos cuenta de que no importa cuán terribles sean nuestras circunstancias ni la forma en que el

La voz del hombre va por un camino, pero el camino de Dios siempre es el mejor.

enemigo pueda atacarnos, debemos tener fe en el Dios que nos guía. Ese ángel puesto ante nosotros es el que Dios designó. Él nos guiará a través de nuestro Jordán a donde Dios pueda ser glorificado a través de nuestro ministerio.

Medite en las personas que vendrán a Cristo cuando sigamos a ese ángel. Piense en aquellos que responderán al llamado de Dios y entrarán al ministerio de la elección de Dios.

Es posible que vea desafíos ante usted, pero ningún desafío es más grande que Dios. Ningún desafío podría sorprender a Dios en lo más mínimo. Cuando comenzamos nuestro peregrinaje con Dios, ya Él conoce el principio, el fin y todo lo que está en medio. La forma en que nos prepara está en completa armonía con su conocimiento de todo lo que nos va a suceder. Nada puede pasarle a usted ni a mí, sino lo que Dios haya preparado para nosotros, lo cual podemos maniobrar.

Este ángel que va delante de nosotros nos está guiando fielmente al lugar donde Dios quiere que estemos.

▼

La voz de Dios está llamando

La voz de Dios está llamando
Nos convoca en nuestros días;
Isaías oyó en Sión,
Y ahora oímos a Dios decir:
"¿A quién enviaré a socorrer
A mi pueblo necesitado?
¿A quién enviaré para que suelte
Los lazos de la vergüenza y la codicia?".

John Haynes Holmes (1879-1964)

3

El enfoque en nuestro destino final

▼

Padre celestial, con gran sinceridad, te suplico que me permitas poner mi enfoque donde quieres que esté. No en esta vida. No en las cosas que me rodean. Sino, oh Dios, que mi enfoque esté completamente en ti y en lo que tienes para mí. Sé que esta vida tiene un límite. También sé que el destino que tienes para mí es esa eternidad sin ningún tipo de limitación en la que disfrutaré de una relación contigo que no puedo disfrutar en este momento. Espero con ansias ese destino final. Agradecido en el nombre de Jesús, amén.

Llevar al pueblo de Dios desde Egipto a la tierra prometida requería de una persona con un llamado singular. Moisés fue la solución de Dios al problema de Israel.

Siempre que hay un problema o una situación dificultosa, Dios prepara a una persona con su unción para que resuelva el asunto. Observe a todos los profetas a lo largo del Antiguo Testamento y verá cómo trabaja Dios. Sin embargo, debo decir que son decepcionantes las veces que los profetas fueron rechazados por las personas a las que intentaban ayudar. Hoy sigue siendo igual.

Conocemos la historia de Israel, cuando deambuló por el desierto durante cuarenta años antes de entrar en la tierra que Dios les prometió. Israel rechazó el liderazgo de Moisés y le dio la espalda a la tierra prometida.

Esa antigua travesía, esa experiencia errante, es una ilustración de la marcha cristiana que hoy hacemos desde la tierra hasta el cielo. Pablo dice: "Todo eso les sucedió para servir de ejemplo, y quedó escrito para advertencia nuestra, pues a nosotros nos ha llegado el fin de los tiempos" (1 Corintios 10:11).

Dios nos llevará a su tierra prometida, una tierra que ni siquiera podemos imaginar en este momento. El viaje se inicia con nuestra conversión y avanza a través de los obstáculos hacia una vida victoriosa y fructífera en el Señor Jesucristo. Pero una vez más, no estamos solos en el trayecto, porque Dios ha designado un ángel que va delante de nosotros para que nos guíe en el camino que Él ha preparado.

Creo que, por lo tanto, estamos de acuerdo con aquellos que son como el apóstol Pablo. Observe su testimonio y cómo Dios empezó con él en el camino a Damasco. A partir de ahí, fue un viaje con todo tipo de obstáculos a ambos lados del camino. Pero Pablo lo soportó todo porque estaba siguiendo la voz de Dios. Su trayecto lo llevó al martirio; pero eso, como usted sabe, no fue el final del apóstol Pablo.

Considere al apóstol Juan, en el libro de Apocalipsis, y todo lo que vivió. Su visión del cielo lo motivó a él y a su ministerio a pesar de que le costó mucho.

Lea acerca de los padres de la iglesia, cómo fueron elegidos por Dios y cómo este los dirigió y guio a muchos de ellos también al martirio. Eran los reformadores, los místicos y muchos otros. Dios no solo los guio, sino que los puso como ejemplos para que los sigamos.

Quiero mirar más de cerca la declaración divina de que vamos al lugar que Dios ha preparado. Todo lo que Dios está haciendo nos dirige a ese destino predeterminado. Él nos está preparando sistemáticamente en esta vida para que lleguemos a ese lugar, por lo que nuestra obediencia a Dios ahora se reflejará en nuestra posición en el cielo.

Hay dos aspectos en cuanto a esto: el destino provisional y nuestro destino final.

En Deuteronomio 1:30 leemos: "El Señor su Dios marcha al frente y peleará por ustedes, como vieron que lo hizo en Egipto". Dios tiene un destino final para Israel, aunque en medio de eso hay pasos —conflictos y batallas—; sin embargo, le promete que irá delante de ellos y peleará por ellos. Dios ha preparado cada paso del camino; por lo que uno lleva al otro. Rara vez vemos muchos pasos por delante de nosotros. Necesitamos caminar enteramente por fe. Pero así como hizo con Israel, Dios nos prepara para que demos un paso a la vez.

El camino es de su elección y puede que no coincida con lo que queremos. Pero sobrepasar el plan de Dios es un desastre. Como cristiano, avanzo bajo el poder del Espíritu Santo, que me está guiando y preparando para el camino elegido para mí. Creo que esto también se aplica a la iglesia. Si somos receptivos al Espíritu Santo, Él nos guiará por el camino, el destino y el ministerio que pensó para nosotros. En este punto, es posible que no sepamos completamente cuál es ese ministerio. Es probable que no sepamos a dónde vamos pero, mientras sigamos al Señor, no tenemos nada que temer. En la misma medida en que dejamos atrás nuestro pasado, podemos aferrarnos al futuro que Dios tiene para nosotros.

Es entonces que llegamos al destino final que el Señor tiene para nosotros. Para Israel, fue el punto en que tuvieron plena posesión de Canaán. Dios usó a Moisés para sacar al pueblo de Israel del yugo de Egipto con el objeto de llevarlo al desierto y Josué, finalmente, los condujo a través del río Jordán hacia la tierra prometida.

> *Es probable que no sepamos a dónde vamos pero, mientras sigamos al Señor, no tenemos nada que temer.*

Nuestro destino final es "el hogar de mi Padre", dice Jesús en Juan 14:2. Este mundo no es nuestro hogar ni nuestro destino final. Nuestro camino ha sido diseñado por Dios, no hay quien lo haga mejor. Muchos se desvían por el mundo y, por desdicha, no llegan al lugar que Dios tiene para ellos.

El destino del cristiano lo constituye la fructificación y el empoderamiento en el camino y, finalmente, el cielo. A medida que avancemos por la senda de Dios, hallaremos todas las provisiones que necesitamos para ser lo que Dios quiere que seamos, de modo que podamos llegar al lugar que ha preparado para nosotros. Por la fe, cada día accedemos a la provisión de Dios. No sabemos lo que necesitaremos, pero Dios lo sabe y lo ha provisto por completo.

Alcanzar ese lugar requiere un poder, no igual sino, superior a la oposición. Necesitamos tener esto siempre presente. Es muy fácil desviarse del camino que el ángel nos ha trazado. Pero Dios nos está proporcionando una nube de día y un fuego de noche para llevarnos a nuestro destino.

▼

Cuando la trompeta suene

Cuando la trompeta suene en aquel día final,
Y que el alba eterna rompa en claridad;
Cuando las naciones salvas a su patria lleguen ya
Y que sea pasada lista allí he de estar.

James M. Black (1856-1938)

4

Confiemos en que el Espíritu Santo nos guía

▼

Oh, bendito Padre, tu guía me es muy necesaria y apreciada. Cuando hago las cosas por mi cuenta, solo fracaso. La obra del Espíritu Santo en mi vida me está guiando hacia el destino que tú has establecido. Que sea fiel, Dios, a tu liderazgo. Que los que me rodean vean tu obra en mí. En el nombre de Jesús, amén.

¿Quién es este mensajero angelical que Dios envía delante de nosotros? Creo que aquí tenemos una ilustración, o símbolo, del Espíritu Santo. Dios —Espíritu Santo—, nos guía y nos dirige al lugar que eligió. Debemos rendirnos a Él, necesitamos saber quién es este Espíritu Santo, y debemos llegar al punto de confiar en Él en cuanto a nuestras decisiones diarias. Si queremos llegar a donde Dios quiere que estemos, debemos aceptar las provisiones que nos brinde en el camino. Este Espíritu Santo es la omnisciente providencia y provisión de Dios para nosotros.

Considere algunos de los atributos de este ángel. En Éxodo 23:21 leemos: "Préstale atención y obedécelo. No te rebeles contra él, porque va en representación mía y no perdonará tu rebelión".

Quiero señalar aquí que este ángel no puede liderar a un enemigo. Ese no es su propósito. Él no está guiando al enemigo a donde Dios quiere que esté. Dios no le ha dado autoridad sobre el enemigo. Eso es algo que tenemos que entender.

Tampoco tiene autoridad para pasar por alto la terquedad, la rebelión, la incredulidad o la desobediencia en nosotros. Él tiene que lidiar con todas esas cosas, por lo que la Escritura dice: "cuidado con él".

Él tiene lo que se necesita para llevarnos y mantenernos en el camino correcto.

La relación de un médico con su paciente sería una buena ilustración para esto. El galeno debe tener cooperación. Si el paciente lucha contra el médico, este no puede hacer lo que debe realizar por el paciente. Cuando el paciente se entrega al médico, recibe la ayuda que necesita.

Si estamos luchando contra Dios, si pasamos por alto el liderazgo que Dios nos brinda a través de este ángel que va delante de nosotros, no vamos a llegar muy lejos. El camino que tenemos por delante es de tal naturaleza que no podemos navegarlo por nuestra cuenta; necesitamos una guía.

Este ángel no pasará por alto nada; él está bajo órdenes divinas y responde e informa a Dios, no a nosotros. Él no está a nuestras órdenes. Está con nosotros con el fin de cumplir el propósito de Dios, no el nuestro.

Por supuesto, la pregunta que tenemos ante nosotros es: ¿Qué pasa si pecamos? Como el hijo pródigo, si reconocemos que hemos pecado, encontraremos el perdón de Dios. El pecado no puede alejarnos de Él si seguimos su voz y le obedecemos.

El ángel no está a nuestras órdenes. Está con nosotros con el fin de cumplir el propósito de Dios, no el nuestro.

La historia de Israel nos cuenta que Dios practicaba el perdón con ellos. Una generación caminaba por donde Dios quería que fueran; con lo que deleitaban a Dios. Pero la siguiente, tomaba sus propias decisiones y, en consecuencia, sentía el disgusto de Dios. Querían seguir su camino, por alguna razón, más que el camino de Dios. "Cada uno hacía lo que le parecía mejor" (Jueces 17:6).

Eso también lo encontramos en el Nuevo Testamento. Las iglesias comenzaron con buen pie, en la dirección correcta, pero pronto quisieron tomar sus propias decisiones y seguir sus propios caminos. La mayoría de las epístolas de Pablo fueron dirigidas a las iglesias para que dejaran esas prácticas, se retractaran y siguieran al Señor Jesucristo. Eso mismo sucede hoy. Estamos tratando de aprobar la cultura que nos rodea para poder, a plena conciencia, introducirla en la iglesia.

Es cierto que el pecado impedirá que vayamos en la dirección de Dios, pero eso no tiene que ver con el pecador que se arrepiente. Esa es la clave. El pecado fue el gran factor disuasivo en la historia de Israel y en la de la iglesia, así como también lo es en nuestras propias historias como cristianos individuales. La imperfección del hombre no fue una sorpresa para Dios. Él ha elaborado todos sus planes pensando en las más mínimas contingencias; de modo que cuando el hombre falla, Dios no se sorprende y ya tiene una solución en marcha. Si no hubiera incluido la potencial imperfección del hombre, sus planes solo podrían ir al fracaso, lo cual también es impensable. Las imperfecciones del hombre son prueba de la gracia de Dios.

Recordemos a Jacob y sus fracasos. Probablemente los tuvo más que nadie, pero se arrepintió y Dios lo restauró. Es la restauración divina lo que hace la diferencia en nuestras vidas. Jacob encontró esa escalera al cielo y cambió completamente su vida: "En realidad, el Señor está en este lugar, y yo no me había dado cuenta" (Génesis 28:16).

Leí sobre Job en el Antiguo Testamento, donde él afirma lo siguiente: "¿Qué puedo responderte, si soy tan indigno? ¡Me tapo la boca con la mano!" (Job 40:4). Pero ese no fue su final. Pasó por dificultades insoportables y nadie parecía estar de su lado, ni siquiera su esposa. Cuando dice: "¡Que me mate! ¡Ya no tengo esperanza! Pero en su propia cara defenderé mi conducta" (Job 13:15), Job descubre que sus imperfecciones no importaban cuando se trataba de seguir a Dios. Dios podía elevarse por encima de todos los fracasos de su vida.

Lo mismo se aplica a Elías cuando clama a Dios: "Quítame la vida" (1 Reyes 19:4). Más tarde, tenemos la maravillosa escena del carro que escolta a Elías al cielo (2 Reyes 2:11). Claro, Elías tenía sus problemas, pero nada tenían que ver con un corazón impenitente. Se arrepintió, se tornó a Dios y le dio la oportunidad para que lo usara.

En el Nuevo Testamento, hubo una ocasión en que Pedro dijo: "Yo no lo conozco" (Lucas 22:57), en referencia a Jesús. Qué experiencia tan desgarradora debe haber sido para el Señor. Pedro estaba todo el tiempo con Jesús, pero cuando tuvo que estar con Él, lo negó. Sin embargo, ese no fue el final de la historia. A pesar de que negó al Señor, se retractó, confesó su pecado, se arrepintió y regresó a la posición de líder de la iglesia en aquel momento. Fue Pedro quien predicó en Pentecostés, el que comenzó el movimiento del Espíritu Santo que sigue activo hasta hoy.

La gracia de Dios no solo es extensiva a nuestras imperfecciones, debilidades y fallas. La gracia divina es un reflejo de su carácter y su naturaleza, no de nuestras debilidades.

El teólogo alemán, Meister Eckhart, escribió hace cientos de años: "Dios no mira lo que usted hace, solo ve el amor, la devoción y la voluntad que yacen tras sus acciones... Solo le interesa que lo amemos en todas las cosas".[1]

Lo más importante es que la Biblia registra estas palabras de Salomón: "Sé además que todo lo que Dios ha hecho permanece para siempre; que no hay nada que añadirle ni quitarle; y que Dios lo hizo así para que se le tema" (Eclesiastés 3:14).

Dios espera ese momento en que nos arrepintamos de nuestro pecado y luego experimentemos la abrumadora sensación de su perdón. Nadie puede pecar tanto como para no recibir la misericordia de Dios, si se arrepiente con sinceridad.

▼

Hay amplitud en la misericordia de Dios

Hay una amplitud en la misericordia de Dios,
Como la amplitud del mar.
Hay una bondad en la justicia de Dios,
Que es más que libertad.
No hay lugar donde se sientan más las penas
De la tierra que en el cielo.
No hay lugar donde los fallos de la tierra
Tengan tan buen juicio.

Frederick William Faber (1814-1863)

5

Incredulidad vs. creencia

Padre nuestro, oro porque pueda arrepentirme ante ti. Que si me preocupan las cosas terrenales, me arrepienta de ello. Confieso mi obsesión por lo efímero. Oh Señor, perdóname, límpiame, lávame para que, al calmar mi corazón y en silencio esperarte, pueda recibir como indigno, pero creyendo, lo que tienes para mí. Ruego esto en el santo nombre de Jesús, amén.

En Éxodo 23, Dios establece las leyes espirituales ante Moisés; leyes necesarias para que Israel fuera a donde Dios deseaba que estuvieran. Es esencial que entendamos cómo operan esas leyes a través del reino de Dios.

Tenga en cuenta que Dios no cambia nunca, ni tampoco sus leyes. Sin embargo, en el Antiguo Testamento, los líderes judíos agregaron todo tipo de ordenanzas a la ley de Moisés que —realmente— no mejoraban lo que Dios quería que hicieran. Es más, eso empañó la imagen completa y creó cierto nivel de confusión.

Hoy cometemos el mismo error. Tenemos leyes en nuestras iglesias evangélicas que de ninguna manera son compatibles con las que Dios estableció para su reino. Como creyente, mi labor es buscar a Dios en su Palabra y desechar de mi vida todo aquello que dificulta mi relación con Dios. Si vamos a cumplir las metas de Dios, debemos volver a las leyes básicas de su reino, las cuales estableció para nosotros.

El primer paso es comprender lo que hace la incredulidad.

La incredulidad dificulta el funcionamiento de las leyes espirituales, los principios del reino. Si no le creemos a Dios en todo, entorpecemos el propósito de sus leyes. Eso impide nuestro propio progreso espiritual. Si no estamos siguiendo las leyes que Dios ha establecido para nosotros y, al contrario, seguimos las que el hombre instituye, debilitamos nuestro progreso y ya no vamos en la dirección que Dios quiere que vayamos.

La incredulidad también interfiere en la dirección del Señor. Si no le creo a Dios, no me dejo guiar por Él. Mi incredulidad nublará lo que Él quiera hacer en mi vida. Eso es lo más importante para muchos cristianos que han estado vagando sin rumbo durante demasiado tiempo y que se han desanimado. Necesitamos despertar al llamado de Dios y a las leyes del reino con el objeto de regresar a donde Él quiere que estemos.

¿Cómo podemos identificar el término "incredulidad"? La gente habla acerca de la creencia y la incredulidad, pero yo enfatizaría la verdad de que la incredulidad se encuentra en la iglesia de hoy. La incredulidad impide que los creyentes experimenten las promesas de Dios. Si les preguntara a ellos, concordarían con lo que Dios ha dicho y afirmarían que creen todas sus promesas. Pero la incredulidad dice que eso es para otra persona, en algún otro lugar y en otro momento. La incredulidad desvía la corrección y dice que eso no se aplica a mí.

Si no le creo a Dios, no me dejo guiar por Él.

La incredulidad dice: "En otro momento, no ahora. Sí, eso es lo que Dios dice, pero ciertas cosas han cambiado, por lo que realmente no se aplica a nosotros hoy". Creen en lo que Dios está diciendo, pero no por ahora.

La incredulidad dice: "En otro lugar, no aquí. Sí, creo en las promesas de Dios, pero no son para este lugar. Estamos viviendo en un sitio diferente, y las promesas de Dios realmente no aplican aquí. Fueron buenas para Israel y Canaán, pero no estoy en Canaán".

La incredulidad dice: "Es para otro, no para mí. Sí, creo en las promesas, pero en realidad no son para mí. Algunas de ellas no se aplican a mí, así que puedo dejar de obedecer la Palabra de Dios".

Es difícil encontrar a alguien que diga que no cree las promesas de Dios ni las leyes asociadas con su reino. Creen, pero tienen cierto elemento de incredulidad en ellos. La incredulidad cree que todas las promesas son condicionalmente para otra persona, en otro lugar y en otro momento. Los incrédulos creen que lo que Dios dice es verdad, pero no es relevante para ellos en este momento de su vida.

Por desdicha, la incredulidad está a la orden del día. En muchas iglesias evangélicas, ese es el patrón que muchos siguen, lo cual es la razón por la que muchos no tienen ningún objetivo y no van a ninguna parte en lo que respecta al reino de Dios. La pregunta que necesita respuesta desesperadamente es: ¿En qué se diferencia la fe de la incredulidad?

La diferencia es simplemente que la fe dice: "Si en otro momento fue posible, ¿por qué no ahora?". Y eso es lo importante. Si Dios lo dijo en otro momento, ¿por qué no se aplica ahora? La fe dice enfáticamente que es aplicable en este momento y a mí.

La fe también dice: "Si es posible en otro lugar, ¿por qué no aquí? Si es bueno donde sea, entonces ¿por qué no puede ser bueno aquí, donde estoy parado?".

La fe dice: "Si es para alguien más, ¿por qué no para mí? Lo que Dios haya hecho por cualquier otra persona, puede hacerlo por mí".

La fe saca al "yo" de la ecuación y lleva a Dios de vuelta al centro. Si Dios lo dijo, es porque debe ser verdad y, si es verdad, entonces es verdad ahora; y si es verdad para alguien más, también lo es para mí. De alguna manera, hemos tomado la Escritura y la hemos analizado para que signifique "aquel" cuando significa "este".

Debemos reconocer la diferencia entre la incredulidad y la creencia. Si vamos a seguir a este ángel que va delante de nosotros, necesitamos saber lo que Dios tiene reservado para nosotros. Al confiar en Dios, ya sea que entendamos su plan o no, nos estamos colocando en el camino en el que nos puede llevar a donde Él quiere que estemos. En esencia, hay dos tipos de cristianos: uno que se fía de la verdad y otro que no cree en ella. Qué gran diferencia hay entre los dos. Las malas hierbas de la incredulidad asfixian nuestra creencia. Nuestro trabajo es encontrarlas y desarraigarlas de nuestras vidas. El ángel que va delante de mí, me alejará de todos los elementos de incredulidad que se ocultan en mi vida.

▼

Ven tú, fuente de toda bendición

¡Oh, por tanta gracia dada... gran deudor!
Diariamente soy forzado a ser,
Que tu bondad como una argolla
¡Me ate aún más, cerca de ti!
Tiendo a vagar, Señor... lo siento,
A dejar tu amor, oh Dios;
Aquí está mi corazón, oh tómalo y séllalo,
Séllalo para tus cortes celestiales.

Robert Robinson (1735-1790)

44

6

La promesa de Dios depende de nuestra obediencia

▼

Oh, Hijo de Dios, santísimo, encarnado, crucificado, resucitado y pronto a volver, te suplicamos. Reprende toda impiedad de nuestros corazones y nuestras mentes, saca todo lo que sea negativo y que perturbe la obra de tu Espíritu Santo. Oh, deja que se vea tu gloria hoy y que pose en cada morada mostrando que Dios es el Señor. Haznos santos como lo eres tú y que, al rendirnos con fe, purifiques nuestros corazones para ti. Te rogamos que contestes todo esto en Cristo nuestro Señor. Amén.

L a obediencia es la clave de mi relación con Dios. En Éxodo 23:22, Dios dice: "Si lo obedeces y cumples con todas mis instrucciones, seré enemigo de tus enemigos y me opondré a quienes se te opongan". Esta es la promesa de Dios. Si obedecemos su voz y hacemos todo lo que nos dice, entonces Él será nuestra fortaleza y nuestro fundamento. Esto no descalifica de ninguna manera a las personas que han cometido un error, han fallado, han declinado o desobedecido. Todos fallamos de vez en cuando. La senda de regreso al camino principal es una vía de confesión y arrepentimiento. Él no descalifica a las personas por los errores que cometen, pero les dice: "Si vuelves y obedeces mi voz, entonces seré tu fortaleza".

Nuestra caída, nuestra depravación, nuestra debilidad y nuestra carne no nos descalifican realmente si escuchamos la voz de Dios y, al hacerlo, le obedecemos. La clave siempre es la obediencia.

Nuestros enemigos son Satanás, el pecado y el mundo que nos rodea. Y si vamos a tener la victoria sobre ellos, no podemos hacerlo con nuestras propias fuerzas porque ahí es donde caemos.

Aun con todas sus habilidades engañosas, Satanás nunca puede burlar a Dios, a pesar de que lo ha intentado desde el principio de los tiempos. Además, nada que el hombre pueda hacer podría permitirle que burle a Dios. Dios es perfecto en todos sus atributos, y todo lo que crea lo hace con la esencia de la perfección, la belleza y la gloria.

Israel nunca esperó entrar en la tierra prometida sin que surgiera oposición. Cuando entraron allí fue que realmente comenzaron las batallas, con la oposición que enfrentaron a lo largo del camino. Josué los llevó a la victoria porque Dios prometió que sería enemigo de sus enemigos y adversario de sus adversarios.

Todos fallamos de vez en cuando... pero Dios dice: "Si vuelves y obedeces mi voz, entonces seré tu fortaleza".

Creo que lo mismo es cierto para nosotros hoy. No podemos llevar una vida cristiana y esperar que no tengamos oposición nunca. Hay muchos obstáculos al cristianismo en el mundo, así ha sido desde el principio.

Lea el *Libro de los martires,* escrito por Foxe, y verá cómo Satanás, el mundo y todo lo que lo rodea se oponen violentamente a los hombres y mujeres de Dios.

En mi trayectoria cristiana, si me contrarían y me desvanezco, es porque no me doy cuenta de que habrá oposición y que mi verdadero enemigo es Satanás. Él trabaja para oponerse a nosotros en todos los niveles; y, la mayoría del tiempo, lamento decirlo, tiene éxito. Satanás, a través de los demonios y otras personas, así como también por medio de las circunstancias, presenta una oposición que es demasiado fuerte para nosotros solos. No hay forma de que, como humanos, podamos enfrentarnos al enemigo.

Yo subrayaría que él no puede vencer a Dios en su juego. Creo que David entendió eso cuando se enfrentó a Goliat. Goliat era el más fuerte de los dos. No había forma de que este pequeño niño, David, pudiera derrotar a ese enemigo con una honda.

Pero David vino contra Goliat no con su propia fuerza, sino en el nombre del Señor.

Dios se identifica completamente con nosotros. Él nos hizo, Él creó todo lo que nos rodea y sabe exactamente a qué nos enfrentamos.

De modo que para evitar la confusión espiritual, necesitamos entender la diferencia entre un enemigo y un adversario.

Un enemigo es alguien hostil con nosotros. Este enemigo, sin embargo, puede estar temporalmente inactivo. Podemos tener un enemigo en el exterior, pero no nos está atacando ni se está oponiendo a nosotros continuamente, solo está ahí afuera.

El adversario es diferente. Es un enemigo en oposición activa. Dios ha dicho que, si lo seguimos, nuestro adversario será su adversario. Aunque nuestro adversario pueda vencernos, no puede vencer nunca a Dios. Dios se mantiene fuerte, por lo que, cuando se enfrenta a nuestro enemigo, simplemente no tiene competencia. Nuestra victoria en la experiencia cristiana descansa sobre nuestra obediencia. No puedo dejar de enfatizar lo importante que es obedecer a Dios. Para obedecer completamente a Dios, necesitamos estar saturados de su Palabra bajo el liderazgo del Espíritu Santo.

Muchas veces, en nuestro recorrido diario, nos enfocamos en un enemigo. Tenemos el enfoque correcto, pero el enemigo está inactivo. Nos sentimos satisfechos con el hecho de que el enemigo no está activo. No consideramos el hecho de que hay un adversario rondando. Ese adversario es un enemigo en acción tratando de derrotarnos.

Mi obediencia se basa en mi compromiso con Dios. Cuando entiendo ese compromiso, comienzo a ver cómo fluyen en mi vida los atributos de Dios que me protegen del enemigo o del adversario.

Con demasiada frecuencia, veo cristianos luchando contra enemigos que realmente no son tal cosa. Veo cristianos peleando unos contra otros. Mi consejo es simplemente que sepa que el enemigo no es el que se sienta en un banco al lado suyo.

Al consagrarme a Dios, ciertamente estaré en situaciones peligrosas. Sin embargo, cuanto más peligrosa sea la situación, ya sea que esté en contra de un enemigo o un adversario, más experimentaré el tipo de cristianismo que Dios quiere para mí. Mi protección se ve en la nube de día y en el fuego de noche. Mientras eso esté sobre mí, me está protegiendo de cualquier cosa que el enemigo pueda hacer. En ello reside mi seguridad.

▼

Confía y obedece

Nunca podemos probar
Las delicias de su amor.
Hasta que nos tendamos todos en el altar.
Porque el favor que muestra,
Y el gozo que otorga,
Son para aquellos que confiarán y obedecerán.

John H. Sammis (1846-1919)

7

En contra de nuestro enemigo

▼

Oh, Padre celestial, que nos alejemos del mundo incrédulo con toda su confianza en sí mismo, su indulgencia, su arrogancia, su orgullo, sus malos placeres y su amor ornamentado con cosas finas y ricas. Conviértenos, te rogamos, de todo esto, no solo en nuestros corazones, sino en la realidad, y luego tórnanos a Jesucristo, tu Hijo. Lo necesitamos, Señor; Él dio su vida por el mundo, y si no lo hubiera hecho, estaríamos en un vacío. Llévanos a Jesucristo, que es tu fuente radiante de luz eterna, paz, alegría y un mundo sin fin. Bendícenos a medida que avanzamos, lo pedimos en el nombre de Cristo, amén.

os de las consideraciones más importantes para nosotros como cristianos es saber quiénes son nuestros enemigos y cómo los tratamos. Primero debemos identificarlos y percatarnos de que son enemigos y no amigos.

Éxodo 23:27 (NTV) dice: "Enviaré mi terror delante de ti y sembraré pánico entre todos los pueblos de las tierras que invadas. Haré que todos tus enemigos den la vuelta y salgan corriendo".

Este es el plan para tratar a nuestros enemigos. Las personas religiosas a menudo tratan de hacer que el enemigo les tenga miedo por sí mismos. Se envanecen, se sienten dignos y, como dicen, se defienden solos. Sus argumentos son muy extensos; escriben cartas y actúan como si fueran vilipendiados. Pero eso, simplemente, no funciona nunca. Al enemigo no lo intimida cualquier cosa que podamos hacer o decir. Se ríe en nuestras caras.

Dios dice: "Estoy trabajando para ti. Tomo tu lugar, acepto a tus enemigos como míos; por lo que deben lidiar conmigo". Eso debería hacer que resuene un glorioso aleluya en nuestros corazones, porque cuando Dios interviene, uno sabe que algo va a suceder. Los enemigos tendrán que tratar con Dios. Si tuvieran que hacerlo conmigo, podrían abrumarme sin problema alguno.

Es común escuchar a la gente decir: "Voy a cubrirte la espalda". Si realmente lo hicieran, eso dependería de la situación. Pero cuando Dios dice: "Voy a cubrírtela yo", es un escenario totalmente diferente. Él se involucra en el asunto a largo plazo, por la eternidad. Cuando Dios actúa, lo hace basándose en su conocimiento, su sabiduría y su poder. Cuando somos nosotros los que actuamos, lo hacemos según nuestro conocimiento, sabiduría y poder, todo lo cual —debo decir—, es bastante limitado en comparación con lo de Dios, que es ilimitado.

Una de las grandes cosas en cuanto a ser cristianos es vivir del lado correcto, lo que significa que Alguien más tiene el control y que ese Alguien más es Dios. Cuando le permitimos que Él tome el control, nuestros adversarios deben huir. Él los hará "devolverse". Ningún enemigo o adversario puede estar frente a nosotros. No pueden presentarse ante Dios porque Él se interpone entre ellos y nosotros, además de que arroja un secreto y misterioso temor sobre ellos, un temor que no pueden rechazar ni resistir.

La nube de día y la columna de fuego de noche se interponen entre nuestros enemigos y nosotros.

Este es un concepto maravilloso que debemos considerar. Cuando Dios comienza a obrar, empieza cubriendo al enemigo con un temor inexplicable. El enemigo y el adversario no nos temen. Necesitamos entender que Dios es quien controla todo esto, de modo que cuando ellos se enfrentan a Dios, afrontan algo espantoso, algo lleno de una esencia de fatalidad. Cuando Dios les agita el miedo de ellos, destruye la fuerza de ellos ante Él, por lo cual le dan la espalda y huyen.

Ahora, en base a lo anterior quiero plantear la siguiente pregunta: ¿Cómo puede ser derrotado y destruido, el adversario, en nuestras vidas? ¿Cómo podemos lidiar con todas las cosas que se nos presentan? Creo que hay algo que podemos y debemos hacer, permítame explicarlo.

Quiero que considere —y luego acepte— este pacto que le expongo. Prometa no defenderse nunca y mantenga ese voto por el resto de su existencia.

Nos agrada defendernos. Nos gusta igualarnos. Nos encanta levantarnos y, como decimos, dar testimonio y ser testigos. Sin embargo, tenemos que llegar a un punto en el que nos neguemos a defendernos. Somos muy limitados, por lo que nunca podemos vencer al enemigo. Cuando permitamos que Dios sea nuestro protector, el enemigo será completamente derrotado. Dios nos defenderá.

Sin embargo, Dios le permitirá protegerse si usted lo elige. Dios dejará que usted tome una posición contra el enemigo. Muchos de nosotros hemos hecho precisamente eso y conocemos las consecuencias. Sin embargo, debemos reconocer que Dios está de nuestro lado y nos respalda. Mi enemigo y mi adversario

Cuando permitamos que Dios sea nuestro protector, el enemigo será completamente derrotado.

son ahora enemigos y adversarios de Dios, y Él sabe cómo tratarlos.

Prometa que nunca se defenderá por sí mismo y que entregará cada situación a Dios. Usted teme, como yo, ser avergonzado y humillado ante el enemigo. Pero si Dios está a nuestro favor, no debemos temer eso nunca. Muchas veces —y a largo plazo— mi humillación ha sido la derrota del enemigo. Yo solo pienso en el ahora, en lo inmediato. No obstante, Dios piensa en términos de eternidad. Confíe en la capacidad, la fortaleza y la sabiduría de Dios para defenderle, para derrotar al enemigo en su vida, y tendrá una victoria que nunca antes ha experimentado.

Con demasiada frecuencia abrazamos a nuestro enemigo como si fuera nuestro amigo. El enemigo nos ha convencido de ello, para nuestra vergüenza. No leemos la historia completa de Israel y cómo, al abrazar a su enemigo, fueron derrotados.

Abrazar al enemigo le costó bastante caro a Israel. Y cuando hacemos lo mismo, también nos cuesta mucho. Necesitamos tener discernimiento para saber quién es realmente nuestro enemigo. Solo el Espíritu Santo puede revelarnos estas cosas; por tanto, cuando trabajemos con el Espíritu Santo, Él comenzará a darnos entendimiento.

El ingrediente clave para derrotar al enemigo es la obediencia a Dios. Cuando me comprometo a no defenderme, debo obedecer ese voto sin importar las dificultades que enfrente. Si creo que puedo lidiar con la situación yo solo, me enfrento a la derrota —incluso— antes de empezar.

Cuando prometo no defenderme, lo que estoy diciendo es que no tengo lo que se necesita para atacar al enemigo. Normalmente, no queremos admitir eso. Nos gusta creer que podemos manejar cada situación.

Al igual que Israel, necesito recordar que Dios no está tratando de glorificarme; más bien lo que quiere es glorificarse a sí mismo a través de mi vida. Esto viene solo al entregar completamente mi corazón y mi vida al Señor Jesucristo.

▼

Todo a Cristo yo me rindo

Todo a Cristo yo me rindo,
Con el fin de serle fiel.
Para siempre quiero amarle
Y agradarle solo a Él.

Yo me rindo a Él,
Yo me rindo a Él.
Todo a Cristo, yo me entrego
Quiero serle fiel.

Judson W. Van DeVenter (1855-1939)

8

Un lugar preparado para un pueblo preparado

▼

Oh Señor, amamos tu iglesia. Amamos tu reino. Señor Jesús, oramos por tu iglesia. Rogamos por tu pueblo, que cree en tu palabra. Oramos para que reavives la iglesia hoy, reavives cada denominación que representa la Palabra de Dios. Guárdanos del miedo y la intimidación que generan descuidar al Espíritu Santo. Ayúdanos, oh Dios, a evitar que apaguemos al Espíritu Santo. Hemos escuchado a quienes deberían saberlo mejor y nos han hecho tener temor de creer en el poder del Espíritu Santo. Oh Dios, discúlpanos por eso. Lávanos, límpianos y haznos blancos como la nieve. Guíanos, oh Espíritu Santo. Ayúdanos a caminar en la senda de la verdad, el poder y la pureza. Pedimos esto en el nombre de Jesús, amén.

o mencionamos anteriormente, es una frase clave que está en Éxodo 23:20: "para que… te lleve al lugar que te he preparado". Ese fue el propósito de Dios para Israel todo el tiempo. Llevarlos a la tierra a poseer lo que les había prometido. Él no podía darles la tierra mientras estuvieran en una tierra extranjera. En Egipto, ellos nunca pudieron apreciar las bendiciones de Canaán, la tierra de la promesa.

Creo firmemente que hoy el propósito de Dios —en Cristo—, con nosotros es el mismo. Él quiere darnos, como cristianos, una herencia gloriosa. Al estudiar las Escrituras, vemos todas esas promesas maravillosas de Dios, no solo en el Antiguo Testamento sino también en el Nuevo. Los que somos seguidores de su Hijo, tenemos lo que Dios ha prometido a causa del Señor Jesucristo.

Sin embargo, el Señor no va a darnos la tierra bendecida estando nosotros en el territorio del mal. Mientras vaguemos en nuestro propio Egipto, no podemos experimentar nunca las promesas que Dios tiene para nosotros. Esto explica el problema de muchos en la actualidad. Piensan que pueden disfrutar las promesas de Dios en su estadía en la tierra del mal. Pero ese no es el caso.

Una cosa que debemos comprender es que Dios nos salva para *sacarnos* del pecado y *llevarnos* a una vida mejor. Dios salvó a Israel de Egipto para llevarlos a la tierra prometida.

Desde mi punto de vista, muchos creyentes en el evangelio de hoy aceptan la importancia de que las personas se salven de Egipto. Ese es el verdadero enfoque para ellos. Y es cierto: Dios nos salva de nuestros pecados pasados, de nuestros peores hábitos y, sobre todo, nos salvará del infierno. Acudir a Cristo significa eso. Y la gente piensa: *Ahora no tengo que preocuparme por esas cosas. No voy a ir al infierno cuando muera. Iré directo al cielo. Ahora solo debo disfrutar de la vida porque sé a dónde voy cuando fallezca.*

Dios nos salva para sacarnos del pecado y llevarnos a una vida mejor.

No obstante, casi nada se dice acerca de para qué somos salvos. Sí, sabemos de qué somos salvos y podemos gloriarnos en eso, pero debe ser una gloria pasajera. Necesitamos saber para qué hemos sido salvados.

Quiero que sepa que esto no es automático. Una vez que estamos fuera de Egipto, no armamos una tienda de campaña y decimos: "Bueno, ya llegamos". No, la verdad es efectiva solo cuando enfatizamos que no solo nos hemos salvado de algo, sino que hemos sido salvos con un fin. Por tanto, describir para qué hemos sido salvos es importante; de modo que nos motive a ir en esa dirección.

Los cristianos no buscarán entrar en una tierra de la que no han oído hablar. ¿Cómo puedo ir a un lugar del que nunca he oído hablar? ¿Cómo es eso? ¿Cómo llego hasta ahí? La evidencia es bastante notoria. Tenemos un cristianismo decadente, podrido de pies a cabeza, como escribió el erudito de la Biblia William Reed Newell en su comentario sobre Romanos.[1] No podría estar más de acuerdo.

Entonces, ¿qué es esta tierra prometida? ¿Qué es lo que Dios ha puesto delante de nosotros? ¿Cómo podemos entrar con todas sus bendiciones y recibir todas sus promesas? Lo que hay en la tierra prometida son las cosas que Dios escogió para nosotros por la bondad de su corazón. Esta tierra prometida está garantizada por el juramento y el pacto de Dios. Todos los recursos infinitos de Dios están tras ese pacto. Lo que Dios ha prometido lo puede cumplir porque es Dios.

No es una tierra primitiva en espera de desarrollo. Esta tierra de Canaán no estaba esperando que Israel entrara, la arreglara y la desarrollara para su propio disfrute. No, era una tierra ya preparada por Dios para su pueblo, que estaba completamente lista para heredarla (Deuteronomio 6:10-11; Josué 24:13).

Cuando vemos eso, debemos entender que Dios puede hacerlo con una justicia impecable. Él es el Dios soberano del universo y, como todo es suyo, puede disponer de ello como Él quiera.

Volvamos al Antiguo Testamento, cuando Israel salió de Egipto y se dirigió hacia Canaán. Las naciones de Canaán eran una plaga moral y habían perdido su derecho a vivir. Y ahora Dios le permite a Israel ir a esa tierra donde hereda todas las promesas de Dios basadas en el carácter y la naturaleza de Dios mismo. Ellos no crean ni hacen nada en la tierra prometida, simplemente entran.

> *Lo que Dios nos da no se basa en lo que somos, sino en lo que Él es.*

Como cristianos, debemos recordar que nuestra herencia espiritual es un regalo de Dios. Nos lo da por su pacto, por su autoridad. Por su buena voluntad soberana y su buen corazón, Él ha abierto los tesoros del cielo para nosotros.

Lo que Dios nos da no se basa en lo que somos, sino en lo que Él es. Debido a su buen corazón, tenemos toda su creación, su imagen, su maravillosa personalidad. Tenemos la Biblia, un Salvador, tenemos al Espíritu Santo, tenemos la victoria, tenemos guía. Todas estas cosas son el fruto de la tierra que tenemos ante nosotros como creyentes. Dios no ha dejado nada menos que su gloria. Y así, al entrar en nuestra herencia espiritual, lo hacemos por la súplica segura de Dios, por la guía de Dios y por la soberanía y autoridad divinas. Vamos al lugar que Dios ha ordenado para nosotros y disfrutaremos de las bendiciones que ya estableció allí.

▼

"Cuenta tus bendiciones"

Cuando combatido por la adversidad
Creas ya perdida tu felicidad
Mira lo que el cielo, para ti guardó
Cuenta las riquezas que el Señor te dio

Bendiciones cuantas tienes ya,
Bendiciones Dios te manda más
Bendiciones te sorprenderás
Cuando veas lo que Dios por ti hará.

Johnson Oatman, Jr.
(1856-1922)

9

El deleite en nuestra herencia espiritual

▽

Oh Dios, nuestra ayuda en los siglos pasados, nuestra esperanza en los años venideros. Te agradecemos, Autor de toda la creación, y lamentamos que en algún momento la estropeamos al pecar. Con todo y eso, nos regocijamos en ese amor que nos salva, el sacrificio de nuestro Señor. El que desde el principio estaba destinado a la cruz para que muriera. Nunca podremos agradecerte lo suficiente. Te rogamos por los que se pierden entre nosotros. Oh Espíritu Santo, que el cansado oiga la voz de Jesús que le dice: "Ven a mí y descansa"; que el sediento le oiga afirmar: "Venid a mí y bebed"; que los ciegos lo escuchen decir: "Venid a mí y ved"; que los muertos lo escuchen ordenar: "Venid a mí, y vivan". Oh Señor, te lo pedimos en el nombre de Jesús, amén.

¿Cree usted que tiene todo lo que podría desear en la vida? Dios no va a retenerle nada. Sin embargo, muchos impedimos que esa herencia llegue a nosotros. Al igual que Israel, estamos vagando en el desierto, perdiendo nuestra herencia espiritual en Canaán, la tierra de la abundancia.

Podemos tener tanto de Dios como recibamos. A eso lo llamo la ley de la apropiación (Josué 1:1-9). Con Dios no hay límite y, por lo tanto, tampoco lo hay para todo lo que podemos llegar a recibir como herencia espiritual ni para disfrutar de los grandes y divinos dones, favores y misericordias que nos da todos los días.

Debo enfatizar esto porque, al examinarnos a nosotros mismos, necesitamos saber si somos el tipo de cristiano que queremos ser. Si queremos serlo por nuestra propia fuerza, Dios no lo prohibirá. Por otro lado, si queremos acceder a la gran misericordia y a la gracia de Dios, tenemos la puerta abierta. Contamos con recursos que aún no hemos aprovechado, por lo que es muy patético que luchemos batallas ya pasadas.

Recuerde, Dios ha puesto delante de nosotros la tierra prometida y no nos trajo ahí solo para dejarnos inactivos o pasivos.

Él nos llevó a esa tierra para que disfrutemos de todos los manjares de su maravillosa gracia.

Los cristianos que duermen y no progresan espiritualmente son una gran afrenta a la gracia de Dios.

Mi mayor enemigo no es Satanás. Mi peor enemigo es mi propio yo. Si pudiera dejar atrás el pasado del que Dios me sacó y aferrarme a lo que ahora tiene para mí —las provisiones y el acceso al cielo—, comenzaría a experimentar esa clase de vida cristiana llena de alegría, alabanza y honra a Dios.

Dios quiere dirigirnos y guiarnos. Él nos ha proporcionado todo lo que necesitamos. Y en la medida en que caminemos con Él, accederemos a la fuerza y a la gracia que nos han de permitir elevarnos por encima de nuestras circunstancias y de nuestro enemigo con el objeto de alabar y adorar a Dios. Dios no nos salvó y nos sacó de Egipto para que fuéramos una carga el resto de nuestras vidas. Dios nos rescató para guiarnos a una tierra en la que fluye leche y miel. Una tierra llena de regocijo y alabanza, para que la disfrutemos el resto de nuestras vidas.

> *Dios quiere dirigirnos y guiarnos. Él nos ha proporcionado todo lo que necesitamos.*

Hay personas que piensan que saben cómo hacerlo todo y creen que tienen sus vidas bajo control. Pero para aquellos que deseamos que Dios nos dirija, tenemos esta guía. Al aprovechar la intención que Dios tiene con nosotros, nos percatamos de que su Palabra es nuestra guía diaria. Así como somos renovados cada mañana, las misericordias de Dios son nuevas para nosotros todos los días. El propósito de Dios es guiarnos por el camino de la victoria y la gloria.

Todo eso también es para la iglesia local, para la congregación de usted, para mi iglesia. Es para aquellos creyentes que se reúnen con el objetivo de buscar la guía y la dirección de Dios. Él quiere sacar a las iglesias de la esclavitud y llevarlas a la gloriosa victoria de la tierra de Canaán.

El camino está lleno de oposición, enemigos y adversarios, pero Dios ha dicho que nos cuidará, nos guiará y nos liderará.

Una vez que nos rindamos a Dios y permitamos que su sabiduría sea nuestra, no tenemos nada más que temer. Podemos abrazar el liderazgo y la instrucción de Dios, Espíritu Santo, en la medida en que nos guíe en un camino en el que, probablemente, nunca nos imaginaríamos nosotros mismos.

Aprendí esto temprano en mi vida y mi ministerio cristiano. Cuando me entrevistaron con el fin de ordenarme al ministerio, había personas en el comité que dudaban de mis calificaciones. Tenían razón en muchos aspectos.

Nunca terminé la escuela secundaria; fui un solo día al octavo grado. Nunca fui a la universidad ni al seminario ni a ninguna otra cosa de esa naturaleza. Comencé predicando en las calles, puesto que creía que Dios me estaba guiando. Predicaba en reuniones en las carpas durante el verano, en las esquinas, y hacía todo eso para la gloria de Dios. No era un predicador muy bueno. Lo admito. Sin embargo, realmente tenía pasión por servir a Dios. Un poco más tarde descubrí que la mayoría de las personas de aquel comité de ordenación no iban a permitir que me ordenaran. Después que todos trataron el asunto un hombre, según parece, dijo: "No sé, tengo un presentimiento acerca de este joven. Creo que tiene una verdadera pasión por Dios y por el ministerio. Pienso que deberíamos considerar ordenarlo y, sencillamente, ponerlo en las manos de Dios".

No lo entendí en aquel entonces, pero Dios me estaba dirigiendo a un área de la que no sabía nada. Si hubiera tratado de ordenarme por mis propios medios, nunca me habrían ordenado. Dios y el ángel del Señor estaban guiándome en la dirección que Dios quería.

Años más tarde, puedo reflexionar en aquello y agradecer a Dios porque tuvo el control de mi vida. Por eso, en cada decisión que hago, siempre trato de basarme en la sabiduría de Dios.

Si permitimos que Dios nos dirija y renunciamos a nuestra propia sabiduría, Él nos guiará por un camino en el que nunca imaginamos que estaríamos.

El lugar en que estoy hoy lo debo a la sabiduría de Dios, que me abrió las puertas correctas en el momento adecuado.

▼

Tus caminos, oh Señor, diseñados con sabiduría

Tus caminos, oh Señor, con sabio diseño
Se enmarcan en tu trono celestial,
Y toda línea oscura y doblada
Yace en el centro de tu amor.

Ambrose Serle (1742-1812)

10

Cómo hacer que nuestros enemigos trabajen para nosotros

▼

Padre, bendice esta verdad en nuestros corazones. Oh Dios, tus misericordias son abundantes. Oramos para que nos ayudes a apoyarnos en tu clemencia y en tu confianza con el objeto de no tener miedo, para odiar al pecado, amar la justicia, huir de la iniquidad y seguir la piedad. Sabemos que en todo lo que hacemos, tu misericordia nos rodea, así como la tierra que está debajo de nosotros, el aire que nos circunda y las estrellas que están en los cielos. Vivimos en este mundo por tu misericordia y servimos a un Dios misericordioso; vivimos, nos movemos y tenemos nuestro ser en las abundantes misericordias del Dios trino. Te rogamos que, por tu gracia, nos concedas que entendamos esto y lo apliquemos a nuestros corazones en Jesucristo nuestro Señor, amén.

Necesitamos saber que Dios no nos está enviando, nos está guiando. "Una vez reunido su propio rebaño, camina delante de las ovejas, y ellas lo siguen porque conocen su voz" (Juan 10:4, NTV). Debemos tener confianza y consolarnos en el hecho de que Dios no nos está conduciendo a cierto valle en algún lugar. Más bien, como el pastor que guía a sus ovejas y va delante de ellas, Dios va delante de nosotros y nos lleva a situaciones que ya ha preparado para nosotros.

Cuando pensamos en Israel, nos damos cuenta de que Dios vio la tierra con antelación y la preparó para ellos. Por tanto, debemos reconocer que Dios ya vio la tierra a la que nos está guiando y la ha preparado para nosotros. Allí nunca estaremos solos, puesto que la presencia de Dios siempre ha de estar con nosotros. Saber que no estamos solo en esta batalla debería brindarnos más consuelo y alegría.

Hay mucho que decir acerca de la presencia de Dios. Demasiados cristianos, estoy seguro, nunca han experimentado esto realmente. Hablamos de ello y leemos, pero en verdad ¿hemos experimentado ese sentimiento abrumador de la presencia de Dios en nuestras vidas? A menudo pienso en Jacob cuando se despertó después de aquel sueño con la escalera que llegaba al cielo; lo que él dijo en esa ocasión, siempre lo tengo presente: "¡Ciertamente el Señor está en este lugar, y yo ni me di cuenta!" (Génesis 28:16).

Como cristiano, debo recordar que Dios está conmigo y que me lleva a un lugar que ya eligió para mí. A veces no me doy

> *Cuanto antes rechacemos nuestros planes, más pronto podremos deleitarnos con los que Dios tiene para nosotros.*

cuenta de su presencia, pero eso no significa que no esté conmigo. Simplemente quiere decir que necesito volver a enfocar mi corazón en el Señor Jesucristo, sin importar lo que cueste.

No necesitamos descubrir nuestro propio camino. Algunos cristianos hacen sus propios planes y diseñan su propia vida cristiana. Eso no es lo que Dios quiere para nosotros. Nuestro destino es creado y establecido por Dios, como también lo es el camino. Dios nos guía por su senda y, necesariamente, no respeta nuestras instrucciones. Cuanto antes rechacemos nuestros planes, más pronto podremos deleitarnos con los que Dios tiene para nosotros.

Sé que esto puede parecernos frustrante algunas veces, pero Dios es el que tiene el control. Si estoy donde Dios quiere que esté, tendré todo lo que Dios quiere que tenga y seré todo lo que quiere que sea en este momento. Él no es miope. Lo sabe todo. Uno de sus atributos es la omnisciencia.

No necesitamos descubrir nuestra propia hoja de ruta ni cómo vamos a ir o qué vamos a hacer. Debemos tener cuidado con el hecho de permanecer en su presencia, esto es la obra de la fe.

Necesito cultivar la presencia de Dios en mi vida. Independientemente de lo que cueste, necesito asegurarme de que vivo bajo el asombroso e inspirador misterio de Dios. El teólogo y escritor alemán Rudolf Otto llamó a esto el *mysterium tremendum*.

Cuando los israelitas entraron en la tierra prometida se enfrentaron a muchos enemigos. Estos no estaban allí por accidente. Más bien, estaban ahí porque Dios lo había permitido y Dios había preparado a Israel para que lidiara con esos enemigos. Debemos reconocer que Israel no trató con ellos bajo sus términos ni bajo los del enemigo, sino en los términos de Dios. Dios los estaba preparando para su destino.

La historia de ellos es como la de David y Goliat. ¿Recuerda cuando David se paró contra Goliat? Este tenía, en aquel momento, el mejor y más completo armamento para la batalla. Sin embargo, "Entonces dijo David al filisteo: Tú vienes a mí con espada y lanza y jabalina; mas yo vengo a ti en el nombre de Jehová de los ejércitos, el Dios de los escuadrones de Israel, a quien tú has provocado" (1 Samuel 17:45). Israel nunca enfrentó a su enemigo en los términos de este. Siempre fue en los términos de Dios.

¿Recuerda cuando Josué caminó alrededor de Jericó una vez al día por seis días y luego, al séptimo día, rodeó los muros siete veces? Eso no fue resultado de estrategia militar alguna; era Dios obrando con el enemigo a su manera.

Ahora los enemigos de Israel eran muchos y muy sofisticados; y habían prosperado en la tierra. Habían estado trabajando para Israel, pero no lo sabían. Desconocían que lo que tenían algún día pertenecería a la nación de Israel.

Y cuando Israel salió de la esclavitud egipcia, se fueron llevando consigo la riqueza de Egipto. Dios siempre nos prepara para el viaje.

Ahora, ¿quiénes eran los enemigos de Israel?

Los amorreos, que habitaron Hebrón, Jarmut, Laquis y Eglón.

Los ferezeos, que eran los habitantes de los valles. Los cananeos, que estaban en Jericó y Hai.

Los hititas, que estaban en el monte Hermón, el monte Líbano y en la tierra de Mizpa.

Los jebuseos, que estaban en la ciudad de Jerusalén.

Todos ellos estaban profundamente arraigados en esa tierra. Habían construido sus reinos desde las cimas de las montañas hasta los valles y los mares. Lo que tenían era valioso, pero Dios decidió disponer de todas sus riquezas debido a su rebelión contra Él. Lea al respecto en el Antiguo Testamento. Su pecado trajo consecuencias: Dios tomó lo que tenían y se lo dio a la nación de Israel, su pueblo.

Estos relatos fueron escritos para nuestra instrucción. Nuestros peores enemigos pueden convertirse en nuestros mejores ayudantes. Nuestra riqueza espiritual puede estar en manos enemigas. Y hay que buscarla allí.

El camino nunca ha sido fácil, pero Dios nos ha preparado para cada circunstancia. Su gran deleite es darnos lo que ha preparado para nosotros.

Hay victoria en la fe

Acampados sobre las colinas luminosas,
Levántense soldados cristianos.
Batallen con fuerza durante la noche.
Los cielos brillantes los cubrirán.
Contra el enemigo en los valles
Dejen que todas nuestras fuerzas los abatan.
Hay victoria en la fe, lo sabemos,
La fe que vence al mundo.
¡Hay victoria en la fe! ¡Hay victoria en la fe!
Oh victoria gloriosa, que vence al mundo.

John Henry Yates (1837-1900)

11

Esos enemigos cuyas riquezas podemos poseer

▼

Oh Señor Jesús, rogamos que tus bendiciones nos cubran. Te amamos Cordero de Dios, queremos ser como tú. Solo tu Espíritu Santo puede limpiar nuestros corazones y llevarnos a una completa y absoluta armonía con tu sacro carácter y tu sagrada naturaleza. Oramos para que nos ayudes a humillarnos por nuestra inmoralidad y a serenarnos por los inquietantes recuerdos de los pecados cometidos. Son muchos, pero no afectan de ninguna manera nuestra relación contigo. Tu gracia es suficiente para liberarnos de esas penas del pasado. Te amamos y deseamos vivir de una manera que te bendiga. Ayúdanos, oh Padre, a entender tu Palabra y a aplicarla en nuestra vida diaria. Oramos en el nombre de Jesús, amén.

No es extraño ver a los enemigos como algo completamente negativo. Sin embargo, cuando Israel entró en Canaán, los israelitas heredaron las riquezas de sus enemigos. No importa cuál sea el enemigo que enfrentemos, hay algún aspecto suyo que puede traer gloria y honra a Dios. Es la derrota de ese enemigo lo que revela eso.

¿Quiénes son nuestros verdaderos enemigos? ¿A qué nos enfrentamos casi a diario?

Sabemos quiénes eran los enemigos de Israel y cómo Dios ayudó a los israelitas a vencer a cada uno de ellos para la gloria de Él. Y debemos recordar que Israel fue a la tierra de Canaán hasta donde ellos quisieron. La gracia de Dios fue capaz de llevarlos más lejos, pero no lo hicieron.

¿Cuáles son los enemigos que enfrentamos hoy?

El primer enemigo que mencionaría es nuestro temperamento. El temperamento es un rasgo que tiende a ser pecaminoso, pero no debemos pensar que no podemos volvernos santos. A veces el temperamento simplemente se eleva y no podemos controlarlo. El mal genio es una espada en la mano del pecado, pero Dios triunfó sobre el pecado, de cuyo triunfo obtenemos riquezas. Cuando veo que mi temperamento se pone en mi contra, puedo entregárselo a Dios; que puede tratarlo de acuerdo a sus propósitos conmigo.

Otro enemigo sería lo que algunos llaman complejo de inferioridad. Algunas personas permiten que el enemigo retenga esto como un arma contra ellos mismos. Otros lo explotan para la gloria de Dios. Mi inferioridad solo me muestra que yo no puedo hacer nada y, a la vez, que Dios puede hacerlo a través de mí.

Si pienso que puedo manejar mi propia situación, realmente voy a estar en problemas; pero cuando me siento inferior, puedo mirar a Dios y Él puede abrirme las riquezas de Su gracia.

A veces las personas tienen que llegar a lo último para darse cuenta de que no son muy fuertes frente a este enemigo. Piensan que son audaces y caminan con fuerza, pero el resultado final es que caen de bruces. Cuando veo que mi inferioridad es enemiga mía, puedo entregarla a Dios, quien a su vez puede intervenir y constituirse en mi fuerza en ese momento.

> **Cuando me doy cuenta de lo débil que soy, puedo descubrir cuán fuerte es mi Dios.**

Otro enemigo que podríamos enfrentar es la ambición carnal. ¿Recuerda a Saulo, en el Nuevo Testamento, quien más tarde se convirtió en el apóstol Pablo? Saulo aspiraba ser uno de los líderes más poderosos de su época. Perseguía a los cristianos como nadie en su día. Entonces Dios tomó esa ambición y la transformó, y aquella ambición que una vez quiso destruir a la iglesia, ahora estaba estableciendo la iglesia en todo el país y en todo el mundo. Cuando Saulo se convirtió en Pablo y rindió esa ambición carnal a Dios, este la usó para su poderosa obra.

Otro enemigo es la timidez. Somos tímidos en cierto aspecto, por lo que tratamos de cubrirlo y compensarlo con algo, pero eso nos puede hacer volver a Dios. Cuando me doy cuenta de lo débil que soy, puedo descubrir cuán fuerte es mi Dios y, por lo tanto, mi debilidad, que puede ser mi enemiga, ahora puede cambiarme y guiarme por los caminos de la gracia de Dios.

Saber cuál es mi debilidad me permite entregar esa parte de mi vida al Señor.

La rebelión es otro enemigo de los cristianos. Si observa el Antiguo Testamento, encontrará profetas y reformadores que fueron rebeldes. Esa rebelión contra Dios puede cambiarse y volverse contra los enemigos de Dios. Lo que una vez fue mi enemigo, algo que se rebelaba contra Dios, ahora se convierte en un arma para el reino de Dios.

Hay otros enemigos que necesitamos incluir aquí.

La gente, por ejemplo, podría ser uno de ellos. Sus críticas y abusos pueden hacer que seamos ricos en humildad. Cuando empezamos a darnos cuenta de que no somos tan grandes e inteligentes como creemos, la humildad nos permite captar realmente las riquezas de la gracia de Dios.

Satanás, por supuesto, es nuestro enemigo. No hay duda de ello. Su enemistad hastía a Dios (Ezequiel 36:2-11).

Entendemos, hasta cierto punto, cómo es Satanás nuestro enemigo, pero como ejemplo, veamos la vida de Job. Satanás era el enemigo de Job, pero Dios usó el ataque de Satanás y lo convirtió en una bendición para Job. Todo lo que Satanás hizo fue despejar el camino para que Dios trajera riquezas a la vida de Job que antes no tenía. A veces Dios permite que Satanás haga este tipo de cosas. Él es nuestro enemigo, pero a menudo Satanás despeja el camino para que Dios comience un nuevo trabajo, y el problema es que Satanás no sabe que en realidad está ayudando a Dios en su obra. Judas Iscariote, enemigo de Cristo, fue utilizado por Dios para orquestar la crucifixión del Señor Jesucristo. Si no hubiera sido Judas, estoy seguro de que habría habido otra persona, pero Judas fue usado por Dios para llevar a Jesús a la cruz a morir por los pecados del mundo.

Cuando las circunstancias están en contra de nosotros, Dios dice: "Seré enemigo de tus enemigos y me opondré a quienes se te opongan" (Éxodo 23:22). Cuando identificamos a nuestro enemigo, nos damos cuenta de que no estamos enfrentándolo solos, sino que Dios es el enemigo de nuestro enemigo. El Dios soberano puede y se opondrá a todo enemigo que esté ante nosotros.

Cuando confiamos en Él y le permitimos que haga lo que quiere hacer, Él hace que todos nuestros enemigos se vuelvan contra ellos mismos. Cuando recibimos esta gran bendición de Dios es que triunfamos.

Conocer a mi enemigo es el primer paso, pero solo es el primero. El encuentro inicial con mi enemigo me intimida y me puede tentar a querer renunciar. Pero cuando veo a mi enemigo desde el punto de vista de Dios, mi corazón se llena de alegría porque ese enemigo solo me revela la asombrosa gracia de Dios en mi vida. Porque Él promete: "No prevalecerá ninguna arma que se forje contra ti; toda lengua que te acuse será refutada. Esta es la herencia de los siervos del Señor, la justicia que de mí procede" (Isaías 54:17).

A la batalla y a la victoria

¡A la batalla y a la victoria
    vamos con Dios nuestro Rey!
Quien con su brazo fuerte, robusto,
    siempre defiende su grey.
Pues, sin temor avancemos entusiasmados por fe,
    mientras alegres cantemos:
Gloria a Dios, nuestro Rey
Ni es la guerra de los ligeros,
    ni de los fuertes la paz;
mas de los fieles en Cristo es el eterno solaz.

Frances (Fanny) Janes Crosby
(1820-1915)

12

En el desierto

▼

Misericordioso Padre celestial, oro para que me bendigas con tu Palabra hoy. Ayúdame a entender tus caminos y tu verdad. Ruego que nuestra fe se eleve como el águila, que extienda sus amplias alas y que se eleve tan alto que nada pueda derribarla. Suplico que así como el águila puede mirar al sol, podamos ver a tu santo Hijo a la diestra de la majestad en las alturas. Que agradezcamos con lágrimas y sintamos la ternura de Dios mismo. Te alabo, oh Padre, por tu Hijo que fue colgado en la cruz por todos nuestros pecados y nuestra maldad. Su sangre cubre todo ese pecado; solo tenemos que confesarlo y arrepentirnos; Él es fiel para limpiarnos de toda maldad. Bendícenos, oh Padre, en nuestra búsqueda de ti hoy. Te lo pido en el nombre de Jesús, amén.

A lo largo de este libro, intento mostrar que el amoroso plan de Dios para sus salvados tiene un objetivo doble. En primer lugar, sacar a su pueblo de la tierra de la esclavitud y, en segundo término, llevarlo a la tierra prometida. Dos cosas inseparables.

No es bueno que los saque si no los va a llevar a algo mejor. ¿Cuál sería el propósito de ello? Aun así, aunque Canaán era la tierra de la abundancia, también era un territorio enemigo de Israel. Pero Dios sabía eso muy bien. Por lo que no dejó la actuación de Israel a expensas de la sabiduría ni de la determinación humana. "No te inclines ante los dioses de esos pueblos", les dijo en Éxodo 23:24.

Si usted quiere conquistar a sus enemigos, no debe imitarlos. Su victoria radica en ser diferente a ellos e incluso hostil con ellos. En Éxodo 3:17 se hace un llamado sacro a la tierra prometida. Israel no debía permitir que los habitantes de la tierra, junto con sus dioses e ídolos, desafiaran o alteraran la relación de ellos con Dios. No debían entrar y apoderarse de la religión del enemigo ni de sus dioses. Al contrario, debían destruir al enemigo, demoler a sus dioses y trasladarse a un lugar en el que adoraran y honraran al Dios que los guio allí.

Debían entrar, derrocar y derribar al enemigo y sus deidades. Tenían órdenes de marcha; no para contradecirlas, sino para obedecerlas.

Muchos cristianos indulgentes en la actualidad objetan eso. Quieren la victoria espiritual, la tierra prometida, etc., pero son negligentes con los ídolos. Piensan que el cristianismo es indulgente y tolerante, posiblemente como consecuencia de la imaginería artística actual. Ven las imágenes pintadas por los grandes artistas de la antigüedad y, de alguna manera, eso les da una idea de lo que se trata la vida cristiana. No ven a los cristianos como un grupo que debe derribar y destruir al enemigo. Son demasiado débiles como para considerar la verdad de que Cristo fue un revolucionario. Que no fue crucificado por sus buenas obras, sino por sus ideas revolucionarias.

Todos los apóstoles, menos uno, sufrieron muerte por martirio. La iglesia primitiva desafió al Imperio Romano y fue castigada por ello. La cruz permanece por siempre como un juicio contra el mundo que nos rodea.

Éxodo 23:25 (NTV) dice: "Sirve solamente al SEÑOR TU DIOS". Este es el imperativo moral más elevado. Todo lo demás depende de esto. Todos sus dioses y sus altares deben ser destruidos. Deben ser derrocados y derribados bajo el mando y el liderazgo de Dios, y debemos decidir servir a Jehová nuestro Dios solamente.

Hay otros dioses y otros altares con los que debemos contender. Tenemos al dios del placer mundano. Éxodo 32:6 dice: "...el pueblo se sentó a comer y a beber, y se entregó al desenfreno". Esta deidad es adorada descaradamente, el dios del placer mundano. Lo triste de esto es que está siendo traído a la iglesia hoy. Esta cree que si no puede entretenerlos, tampoco puede atraerlos.

También tenemos al dios de la carne. En Israel, el maná fue despreciado, anhelaban comer carne. Aunque Dios les dio el maná con un propósito, no estaban satisfechos con lo que les había dado, querían algo más.

Luego está el altar de la religión popular. Jezabel y Elías se enfrentaron porque el profeta no representaba a la religión popular. Se oponía a todo lo que representaban el mundo y la religión.

También tenemos el altar de la transigencia. Daniel y sus tres jóvenes amigos —Sadrac, Mesac y Abednego—, así como también Nehemías, se negaron a transigir, aunque les costara la vida. Dios los salvó. Si quiere que Dios le guíe, entonces Dios le dirigirá a lugares en los que no se supone que deba transigir en ningún aspecto.

Además, tenemos el altar de la comodidad. Esto es servir a Dios a nuestra conveniencia. Esta parece ser la actitud popular en la actualidad: "Sí, quiero servir a Dios, pero solo cuando sea conveniente para mí y cuando tenga algo de tiempo libre". El profeta Amós (en 6:1) dice que estaban "tranquilos en Sión". ¿Cómo puede uno estar tranquilo cuando tiene un enemigo al frente? Jesús dijo en Lucas 9:23: "Si alguien quiere ser mi discípulo, que se niegue a sí mismo, lleve su cruz cada día y me siga". ¿Cómo podemos ser seguidores de Jesús e insistir en la conveniencia y la comodidad?

También tenemos al dios de la intimidación. Este gobierna con el terror, las advertencias y las amenazas. Todo lo que intimida a otra persona es generado por esta deidad. La intimidación es la herramienta de la religión para regir sobre las personas.

También tenemos al dios Mamón o de las riquezas. La única vez que Jesús usó el látigo fue cuando los cambistas estaban vendiendo cosas en el templo, lo que no debían haber hecho. Estaban tratando de obtener beneficios económicos. Ellos ofrendaban con el beneficio que obtuvieron a pesar de que lo que estaban haciendo era contrario a las reglas del templo. Si se hace por una buena causa, debe estar bien.

Tenemos también el altar de la cultura. El cristianismo, me temo, se ha convertido en algo cultural, elevado y refinado. Pero la cultura del mundo es engañosa y de ninguna manera honra la causa ni el llamado de Cristo. Jesús fue un revolucionario que estaba en contra de su cultura, por lo que la iglesia hoy tiene que seguir el camino que Él trazó al respecto.

La Escritura nos dice: "Sirve solamente al SEÑOR tu Dios. Si lo haces, yo te bendeciré con alimento y agua, y te protegeré de enfermedades" (Éxodo 23:25, NTV). Dios cumplió con eso mientras Israel obedeció. Y hará lo mismo por nosotros. Si le obedecemos, Él permitirá que las bendiciones caigan sobre nuestras cabezas, pero no podemos servir a Dios y a Mamón. Obedecer es decidir seguirle. No podemos hacer ambas cosas. Hay un punto en nuestra experiencia cristiana en el que debemos obedecer a Cristo, elegir su camino e ir en contra del mundo.

> **La cultura del mundo es engañosa y de ninguna manera honra la causa ni el llamado de Cristo.**

Cuando andemos con Dios

Cuando andemos con Dios, escuchando su voz,
Nuestra senda florida será.
Si acatamos su ley, Él será nuestro Rey
Y con Él reinaremos allá.
Obedecer
Cumple a nuestro deber.
Si queréis ser felices, debéis obedecer.

John H. Sammis (1846-1919)

13

Encontrar la voluntad de Dios significa servir y confiar

▼

*Padre celestial, alza mis ojos hacia ti, hacia tu Hijo
—Jesucristo el Señor—, que está por encima de los
ángeles. Oro a ti, que te sientas a la derecha, para que
me des gracia espiritual, un anhelo que sea más que
humano. Un deseo que es como un fuego que arde en
mis huesos. Oh Dios, que no me contente con donde
estoy ni con lo que soy. Te pido que avives mi corazón
con el anhelo y el deseo por ti que solo puedo experimentar en tu presencia. Alza mi corazón hasta ti, te lo
pido, oh Padre, en el nombre de Jesús, amén.*

No puedo dejar de repetirlo lo suficiente: Dios está sacando a su pueblo con el propósito de llevarlo a una tierra que ha preparado para ellos. Israel no estaba entrando en una tierra aplastada ni desierta, sino a una tierra ya apta. Para ello, Dios los guio a un lugar que Él mismo eligió, no a uno que la gente eligió. Dios estableció el destino. Eligió la forma en que iban a ir. Puede que no se vea muy bien desde nuestro punto de vista, pero cuando Dios prepara el camino, nuestra responsabilidad es confiar y seguirlo pase lo que pase. Ellos no determinaron cómo entrar, solo decidieron que seguirían a Dios y, en consecuencia, Él les abrió el camino.

Éxodo 23:25 (NTV) dice: "Sirve solamente al SEÑOR tu Dios". Comprender lo que eso significa nos servirá mucho. Si voy a progresar en mi experiencia cristiana, debo entender lo que realmente significa servir a Dios.

Ahora, aunque la palabra *servir* puede tener veinte significados en el diccionario, supongo que podemos hacer que signifique algo. En hebreo, significa trabajar para un maestro como su siervo. Es importante para nosotros tener en cuenta que servir significa que no estamos dirigiendo ni dictando, sino que nos estamos sometiendo a un maestro.

Jacob trabajó para pedir la mano de Raquel en matrimonio durante lo que pensó que serían siete años, pero que se convirtieron en catorce. El pueblo de Israel trabajó para los egipcios durante 400 años antes de que Dios los sacara de ahí. Servir a Dios es importante para mi relación con Él.

A medida que aprendo a servirle y a someterme a su autoridad, comienzo a ir en la dirección que Él quiere que vaya.

El problema con muchos cristianos hoy en día es que quieren decirle a Dios cómo van a servir e imponer las condiciones de su servicio. Esto no es aceptable en lo que concierne a Dios. Él es mi dueño y servirle significa que reconozco su señorío, que me someto lealmente a Él, y a nadie más. Obedecer, confiar, amar, adorar, son los elementos que enriquecen nuestros actos de servicio a Dios.

Si vamos a servirle a Dios, es imperativo que aprendamos de qué se trata la obediencia a Dios. Muchas personas anhelan los dones de Dios, pero no quieren obedecerle. Sin embargo, desean que Dios les dé lo que quieran, cuando lo quieran. La obediencia es el ingrediente principal de mi servicio a Dios. Una característica que se ha perdido en la fe cristiana de hoy es saber que obedecer es mejor que el sacrificio. No importa lo que se me presente, la obediencia a Dios es lo que realmente cuenta.

Necesito realmente pensar en esto para ver si estoy dispuesto a obedecer a Dios a cualquier costo. ¿Estoy dispuesto a dar la espalda a todas las demás cosas para obedecer a Dios? Esa es una pregunta que debe ser considerada cuidadosamente y orada de una manera que podamos comprometernos con la lealtad a Dios y solo a Él.

Otro elemento clave en nuestro servicio debe ser la confianza. Dios exige que confiemos en Él por completo. Aquí es donde nos metemos en problemas porque creemos que la confianza se basa en saber todo sobre una situación. Pero ese no es el caso. Dios quiere que confiemos en Él, aunque no tengamos idea de cuál es el próximo paso que daremos. Si no puedo confiar en Dios, ¿en quién puedo confiar? ¿En los líderes religiosos? ¿En los líderes del gobierno? ¿En quién voy a confiar si realmente no puedo hacerlo en Dios?

Otra pregunta podría ser: ¿Quién está más interesado en mi bienestar? ¿Los líderes religiosos, los líderes del gobierno o cualquier otro? ¿O Dios? ¿Quiere Dios lo mejor para mí cuando me pone en una situación de servicio y confianza en Él para los próximos pasos en el camino? Parte de esa confianza tiene que ver con la que tengo en una persona. ¿Tengo confianza en Dios de que me está guiando por el camino correcto, sin importar lo que vea en el camino? Creo que la confianza es parte de la amistad.

> **¿Estoy dispuesto a dar la espalda a todas las demás cosas para obedecer a Dios?**

Mi amistad con Dios me ha llevado a un punto en el que esa confianza que tengo en Él, se expresa en cuanto a todo lo que envía a mi camino.

Otro elemento bastante importante es el amor. La Biblia nos enseña que Dios es amor. Cuando pensamos en el amor, debemos reflexionar en Dios.

Sé que en la actualidad, cuando pensamos en el amor, muchas veces evocamos las celebridades de Hollywood y los conceptos que nos brinda el mundo. Necesitamos alejarnos de eso pronto y centrarnos realmente en el amor de Dios. ¿Qué entiendo sobre el amor de Dios que me permite servirle de una manera que lo honre y le agrade?

Creo que este amor se basa en una creciente intimidad con Dios, lo que lleva a un amor intenso. Mi amor a Dios me llevará a confiar en Él a pesar de la situación.

El último elemento es la adoración. No importa lo que haya en nuestro camino, no importa cómo ni en qué dirección nos guíe Dios, debemos dejar que todo vaya a sus manos y postrarnos ante Él en temblorosa adoración.

¿Sabe esta generación de cristianos cómo participar en un verdadero espíritu de adoración? ¿Sabemos lo que Dios está haciendo en nuestras vidas de tal manera que podamos confiar en Él lo suficiente como para alabarlo y adorarlo por encima de todas las cosas?

El mundo tiene sus dioses, a los que adora con mucha vehemencia. Como creyente en Cristo, quiero que mi adoración a Dios sea el aspecto más fuerte de mi ser. Quiero que todo, en mi vida, fluya de mi adoración a la maravillosa devoción al Señor Jesucristo.

Muchas personas buscan orientación de manera egoísta. Quieren saber qué pueden sacar de cualquier situación. No sirven al Señor nuestro Dios, sino que sirven a individuos, sirven a iglesias y sirven a todo tipo de cosas, pero nunca realmente rechazan todo con el fin de servir a Dios. Como puede ver, cuando le sirvo a Dios, me ocupo apropiadamente de la comunión con los otros creyentes. Cuando le sirvo a una iglesia más que a Dios, altero gran parte de mi comunión con esos otros creyentes. Las ilustraciones de esto son demasiadas como para comenzar a enumerarlas.

Podemos contar con su presencia —la del ángel que está delante de nosotros—, si obedecemos sus condiciones. Y eso es lo importante. No puedo imaginarme mi propio camino. Simplemente debo servir a Dios, con lo cual me someto a sus condiciones. ¿Acaso no dice Jesús: "Mi yugo es suave y mi carga es liviana" (Mateo 11:30)? Sus mandamientos no son gravosos. Cuando conozco a Dios, comienzo a ver que piensa en mi mejor interés todo el tiempo.

Oh Maestro, cuando llamas

Oh Maestro, cuando llamas,
No hay voz que diga no,
Porque benditos son los que siguen
El camino que tú trazas;
Sea en lo más fresco de la mañana,
O en el más esplendoroso mediodía,
La advertencia celestial nunca
Llega demasiado tarde.

Sarah G. Stock (1839-1898)

14

Con su dirección
viene su provisión

▼

*Oh Padre, en el nombre del Señor Jesucristo, te ruego
que me ayudes. Sé que el mundo, la carne y el diablo
conspiran para arrebatar cada semilla que se siembra,
cada sacro impulso, cada intención sublime y cada
voto sagrado. Oh Dios, destruye la obra del diablo.
Trabaja en mi corazón limpiándome, purificándome,
santificándome, redimiéndome y liberándome. Oh
gran Dios, necesito tu ayuda celestial. Mi inteligencia
no puede ayudarme. Mi personalidad tampoco. Mi
entrenamiento menos. Y mi aprendizaje menos aún.
Solo tú eres quien puede romper el poder del pecado y
liberar al cautivo. Solo tú puedes abrir los ojos cegados
y doblegar la voluntad para que obedezca.*

Necesitamos tener en cuenta que hay beneficios al servir a Dios. Le servimos porque debemos hacerlo. No hay mérito en ello, no se nos debe recompensa alguna. Es justo que le sirvamos, por lo que pecamos si no lo hacemos. Debemos consagrarnos a servir a Dios de una manera que le agrade y que no sea muy conveniente para nosotros. Cuando tratamos de servir a Dios en base a nuestra conveniencia, estamos a un paso de rebelarnos contra la voluntad de Él.

Por lo tanto, todo lo que Él nos da es por su gracia. Somos liberados de la esclavitud del pecado; Dios nos da lo que necesitamos. A veces hace cosas en mi ser que no entiendo en el momento. Sin embargo, al pasar el tiempo, durante algunas semanas, meses, quizás años, empiezo a ver lo que estaba haciendo y por qué lo hizo. Dios dirigió y protegió a Israel cuando entraron en la tierra prometida porque se comprometieron a servir a Jehová y solo a Él.

Los maravillosos beneficios y las bendiciones de nuestro infinito y buen Dios van mucho más allá de lo que esperamos. Dios se goza en bendecirnos; su único problema es lograr que le creamos. Cuando nos consagramos a Él y le servimos, Dios espera que realmente creamos lo que Él dice que está haciendo, que confiemos en Él y que le permitamos actuar.

Hay beneficios que no podemos alcanzar.

Éxodo 23:25 (NTV) dice: "Yo te bendeciré con alimento y agua". Dios bendecirá nuestro pan de cada día, lo que comemos, y lo convertirá en lo que necesitemos en ese momento.

Esto será de acuerdo a nuestra fe. Mi vida es hoy lo que es por mi fe en Dios. Cuanto más se desarrolla mi fe en Él, más madura mi vida en la dirección que Dios quiere que vaya. Algunos solo ven esto como algo espiritual; otros se alzan para reclamarlo. Mi fe en Dios ciertamente tiene un aspecto espiritual, pero también hay aspectos prácticos. Necesito confiar en Dios y tener fe mientras recorro el camino por el que Él me va guiando. Él no me envía sin equiparme; es más, me prepara para la obra que tiene que hacer para mí, y mi fe me permite recibir eso en su santo nombre. La frustración viene cuando trato de hacer aquello para lo que Dios no me ha preparado. Al encontrar la dirección de Dios para mi vida, también descubro la provisión divina.

Dios dice: "Quitaré toda enfermedad de en medio de ti" (Éxodo 23:25, RVR1960). La salud es nuestra cuando la reclamamos con fe. Dios tiene bendiciones físicas para nosotros, en cuanto a lo cual también podemos confiar en Él.

Al encontrar la dirección de Dios para mi vida, también descubro la provisión divina.

Patrick, miembro de nuestra iglesia desde hace mucho tiempo, estaba sentado en el balcón en una reunión congregacional. Cuando Dios lo tocó y le instó a pasar al frente, Patrick corrió hasta el altar cayendo de rodillas.

Un poco más tarde, alguien le preguntó: "Patrick, ¿por qué corriste al altar?". Él respondió: "Cuando escuché la invitación, me di cuenta de que había algo malo conmigo; así que pensé que debía bajar y arreglar eso. Escuché una voz que me dijo: 'Patrick, baja al altar'. Pero también oí otra voz que me indicó: 'Patrick, no vayas'. Reconocí esa última voz. Sabía que era el diablo. Sin embargo, no solo quería ir, sino que corrí. Bajé a toda prisa para mostrarle al diablo que iba a llegar a ese altar".

Patrick era chef en uno de los mejores hoteles de este país. Él y su esposa tenían un hijo de unos veinte años, Lawrence, que nació con limitaciones para caminar. Patrick creyó que el Señor lo sanaría, pero no lo hizo. De modo que un día le dijo a Dios: "No voy a comer de nuevo hasta que mi hijo sea sano". Su esposa lo amonestó: "¿Crees que eso es sabio, Patrick?". Él le respondió: "Déjanos eso a Dios y a mí".

Así que Patrick se fue a trabajar y, aunque el primer día no le fue tan mal, el segundo y el tercero fueron terribles. En aquel excelente y fino restaurante, Patrick servía los más exquisitos y ricos platos a aquellos distinguidos comensales; sin pensar siquiera en catarlos. Con todo y eso, Patrick se mantuvo firme. Le dijo a su esposa: "Ayunaré hasta que Lawrence se sane. Para ello me estoy apoyando en Dios".

Cierta mañana escuchó el grito de su esposa que colmaba la habitación. Corrió a la habitación y dijo: "¿Qué pasa?". Y ella le contestó: "¡Mira! ¡Mira!". Lawrence corría por toda la habitación, caminando perfectamente.

Yo no diría que todo el mundo debe hacer eso. No iría tan lejos; además, no podría estar de acuerdo con algunos de esos evangelistas que predican sanidad. Solo diré que Dios hizo eso por un hombre de corazón sencillo a quien nadie más podría ayudar.

Dios dice: "Te daré una vida larga y plena" (Éxodo 23:26, NTV). La voluntad de Dios no falla. Hay batallas en el camino, cosas que debemos soportar junto con pruebas y tribulaciones. Todo lo que usted tiene que hacer es mirar en el Antiguo Testamento y ver a José, a Job y a todos esos hombres de Dios que le servían y confiaban en Él. En el recorrido que ellos hicieron hacia la tierra prometida y sirviendo a Dios, hubo muchas batallas, pero su fe en el Señor les permitió alcanzar el éxito y llegar al lugar en el que Dios quería que estuvieran. No hay muerte prematura en la voluntad de Dios. El hombre vivirá mientras Dios tenga trabajo para él y mientras ese hombre esté realmente comprometido con esa labor. Cuando termine mi trabajo y lo haya completado como Dios quiere que lo haga, mi vida habrá de terminar.

No hay tragedias. Todo lo que llega a mi vida viene de tal manera que Dios me moldea y me prepara para enfrentarlo de manera apropiada. A veces una persona pasa por una terrible desgracia, y como resultado de ello, tiene que ir en la dirección que Dios quiere que vaya, pero con la fe suficiente para confiar en Él. Es probable que yo no entienda por qué paso por momentos terribles. El mayor problema que tengo es no entender cuál es realmente mi problema. Pero no debo enfocarme en mis problemas sino más bien en aquel que los soluciona.

Al diablo le gustaría desviar mi atención de donde Dios me está guiando. En eso, el enemigo tiene mucho éxito; por lo que debemos enfrentarnos a él con el poder de Dios, no con el nuestro.

La gran tragedia es que Dios establecerá un tiempo para una promoción temprana si nos resistimos a su voluntad. Imagínese morir sin cumplir la voluntad de Dios.

▼

¡Oh, qué amigo nos es Cristo!

¡Oh! Qué amigo nos es Cristo
Él llevó nuestro dolor
Y nos manda a que llevemos
Todo a Dios en oración
¿Vive el hombre desprovisto
De paz, gozo y santo amor?
Esto es porque no llevamos
Todo a Dios en oración.

Joseph M. Scriven (1819-1886)

15

Bendiciones y batallas

Oh, Padre celestial, en el precioso nombre de Jesús acudo a ti, abriendo mi corazón para recibir lo que tienes para mí. Tú conoces mi camino, por lo que confío en que me guías día a día para fortalecerme en la forma en que quieres que me vaya. Padre, ayúdame a ser una inspiración para los que me rodean; de modo que no me vean a mí, sino que vean al Señor Jesucristo. Lléname, oh Padre, de tu gloria. Lléname con la gracia que asombra a aquellos que la ven. Guíame en el camino que tienes para mí y haz que mi corazón te obedezca en todo. Ruego esto en el nombre de Jesús, amén.

Al analizar el tema de la nube por el día y la columna de fuego por la noche, veo cosas que se aplican a mi vida actual. El Antiguo Testamento es el fundamento de la teología del Nuevo Testamento y de nuestra teología actual. Saber cómo guio Dios al pueblo de Israel es la base para entender cómo nos está guiando a nosotros hoy.

Con eso presente, creo que estoy viendo surgir un nuevo interés en el mensaje más profundo de la vida cristiana. Hay cierta curiosidad en cuanto a llevar una vida cristiana con mayor profundidad que la que hay normalmente. La gente ve la vida cristiana, pero quiere ver algo más profundo y más fuerte. Los cristianos necesitamos cultivar esa pasión por una vida espiritual más profunda. Esto es lo que Dios tiene y quiere para nosotros. Cuando vemos a Israel saliendo de Egipto y dirigiéndose a la tierra prometida bajo la dirección de Dios, vemos escenificada la vida más profunda para nosotros. Creo que debemos comprender que la teología del Antiguo Testamento se aplica al Nuevo y aún hoy se aplica a nosotros.

Es importante enfatizar esta vida más profunda entre los creyentes. Con mucha frecuencia los cristianos creen que todo lo que necesitan hacer es aceptar a Jesucristo como su Salvador y todo estará bien. La vida cristiana debe progresar más y más profundamente en las cosas de Dios, en el mismo corazón de Dios.

Este mensaje es escaso en la actualidad. Demasiadas personas ven el cristianismo como una póliza de seguro para que cuando mueran puedan ir al cielo. No lo ven como un mapa que los lleva al corazón de Dios. Aparte de una experiencia personal con Él y disfrutar de su presencia, el cristianismo no significa nada. Es solo una religión más.

En Éxodo 23 vemos a Israel fuera de Egipto, pero aún no están en Canaán, la tierra prometida, el "lugar que te he preparado" (v. 20, NTV).

Creo que la mayoría de los cristianos de hoy están en esa posición. Están vagando en el desierto, sin rumbo, con la tierra prometida frente a ellos; con todas las bendiciones y la gloria de Dios esperándoles. Lo ven, pero no pueden entenderlo ni alcanzarlo.

La vida cristiana debe progresar más y más profundamente en las cosas de Dios.

Es en ese momento que los espías de Israel, bajo la dirección de Moisés, son enviados para espiar la tierra (Números 13:2; 17-25). Los espías van a la tierra y ven por sí mismos lo que Dios tenía reservado para ellos.

Esa expedición estaba dirigida por Dios. Yo creo que Dios es un gran conocedor de la realidad. Él quería que los israelitas supieran a qué se enfrentarían cuando entraran a la tierra de Canaán. No quería que fueran sorprendidos por cosas inesperadas. Por lo tanto, hizo que doce hombres fueran adelante, espiaran la tierra e informaran a Israel.

Cristo usa ese método constantemente. Por ejemplo, veamos lo que dijo en Juan 14:29 (NTV): "Les he dicho estas cosas antes de que sucedan para que, cuando sucedan, ustedes crean".

Dios no quiere que nos sorprendamos con lo que tenemos ante nosotros. Seguramente, hay muchas cosas que no comprendemos del todo, y ahí es donde nuestra fe se activa. Él establece claramente la tierra que tenemos ante nosotros, solo tenemos que prestar atención como buscadores de su Palabra. Todo eso está incrustado en la Palabra de Dios. Dios quiere que entendamos que, aun cuando la tierra prometida está llena de bendiciones, también encontraremos pruebas y batallas en el camino.

Cuando entran a la tierra prometida, algunos cristianos ven las bendiciones. Otros, todo lo que ven son pruebas y batallas. Esto se debe a que estamos divididos; por eso debemos unirnos para ver que las bendiciones y las batallas son parte de lo que Dios tiene para nosotros.

Ahora el problema de hoy es el romanticismo, algo que está fuera de control no solo en nuestra cultura, sino también en nuestras iglesias. Hemos romantizado lo que significa ser cristiano. Ponemos demasiado énfasis en las ventajas de Canaán e ignoramos a los enemigos. Eso es particularmente cierto en la iglesia evangélica. Accedemos a lo positivo y nos olvidamos de lo negativo. Les decimos a las personas que la vida cristiana es pacífica y fácil de vivir. Considerando que la realidad es que una vez que entramos en Canaán hay batallas en abundancia. El enemigo está tratando de evitar que poseamos la tierra que Dios tiene para nosotros. Nuestros enemigos realmente son enemigos de verdad, por lo que no debemos tener ninguna afiliación con ellos.

Los espías regresaron (Números 13:25-33). Dos de ellos vieron a Dios abrir la tierra para que la poseyeran (Números 14:6-10). Los otros diez vieron a los gigantes de aquella tierra, fue todo lo que observaron. La mayoría se impuso, lo que los sacó de la provisión de Dios. Esos diez espías alteraron el deseo de Dios para toda la nación de Israel.

Eso mismo ocurre hoy. Enfatizamos lo positivo, no le permitimos a la gente que entienda realmente lo que tienen frente a ellos. Nos regimos por las leyes gubernamentales en vez de regirnos por la Palabra de Dios. Algunas personas tienen la idea de que el cristianismo es una democracia. Sin embargo, es una teocracia en la que la Palabra de Dios es todo lo que importa. Si soy obediente a la Palabra de Dios, entonces estoy en el camino que Él ha preparado para mí.

Como consecuencia del gobierno de la mayoría, Israel se apartó de la tierra prometida que Dios tenía para ellos. Tenga en cuenta que regresaron con las promesas de Dios en sus oídos, con el ángel ante ellos y con la tierra divinamente elegida esperándolos. Al regresar, rechazaron la promesa de Dios para ellos. ¿Por qué hay tantos cristianos que incluso hoy se vuelven atrás cuando ven un poco de molestia o tribulación? Recuerde lo que dice Santiago: "Amados hermanos, cuando tengan que enfrentar cualquier tipo de problemas, considérenlo como un tiempo para alegrarse mucho" (Santiago 1:2, NTV). Olvidamos que nuestra alegría está en la tierra prometida. Tierra en la que experimentaremos pruebas y tribulaciones, pero en cuyo seno se encuentra el gozo, el privilegio y la gloria de Dios.

Esa fue una decisión temeraria por parte de los israelitas. Un acto volitivo que los sacó de la tierra prometida; en ese momento, ellos pudieron haber entrado y experimentado todo lo que Dios tenía para ellos. Sin embargo, le dieron la espalda a la promesa de Dios. La razón por la que las personas de hoy no experimentan todo lo que Dios tiene para ellos es porque se niegan a avanzar hacia la tierra prometida. La mayoría se impone sobre la voluntad de Dios, por lo que la gente se está alejando de lo que Dios tiene para ellos.

Vemos los resultados en Números 32:7-13. Debido a que se alejaron de donde Dios quería que fueran, Israel experimentó la ira de Dios en ellos. La ira de Dios ardió contra Israel, haciéndolos viajar por el desierto durante cuarenta años; hasta que todas las personas que habían pecado a los ojos del Señor fueron destruidas. Durante cuarenta años, tuvieron que lidiar con su desobediencia.

La vida cristiana más profunda avanza a medida que Dios nos dirige y nos guía, por lo que dependemos de Él para lidiar con nuestros enemigos. La promesa de Dios era que haría a los enemigos de Israel sus enemigos y a los adversarios de ellos sus propios adversarios. Israel no tenía nada que perder al obedecer a Dios y todo que perder al desobedecerlo.

Más y más profundamente

En el corazón de Jesús
Más profundo voy
Buscando saber la razón
¿Por qué me amó tanto?
¿Por qué bajó para elevarme?
De la arcilla cenagosa
Salvó mi alma, haciéndome completo,
Aunque de Él me alejé.

Oswald J. Smith (1889-1986)

16

Nuestra seguridad está en posición de avanzada

▼

Padre celestial, muchas gracias por todas tus promesas. Al observarlas y meditar en ellas día a día, veo tu naturaleza revelada en ellas. Oh Padre, permite que avance en el poder de tu Espíritu Santo y déjame acceder a esas promesas que tienes para mí. No dejes que me desvíe. Confío en que me des la gracia y la fe para avanzar hacia ti. Mantenme, oh Espíritu Santo, mirando hacia adelante, no hacia atrás. Mi pasado está detrás de mí y solo tu gracia puede ayudarme a vencerlo. Tu seguridad, para mí, avanza con el poder y la demostración del Espíritu Santo. Te lo ruego, oh Padre, en el nombre del Señor Jesucristo, amén.

D ebo exponer aquí la verdad de que Dios desea que avancemos, para lo cual debemos comprender sus promesas. Muchas personas ven las promesas de Dios como algo que se debe leer, meditar y comentar, pero no para tomarlas muy en serio. Sin embargo, cada promesa de Dios nos revela el carácter y la naturaleza suya. Cuando accedo a esas promesas, comienzo a entender a Dios más que antes. Cuanto más entiendo a Dios, más enfocado estoy en avanzar y no en retroceder.

Al ver a Israel alejándose de la tierra prometida, debemos saber que su experiencia se aplica a nosotros hoy. Hemos escuchado el llamado de Dios, su promesa, y contamos con la seguridad que Dios nos da para avanzar a esa tierra bendita. Pero algunos se oponen y dan un informe perverso que es resultado del miedo y los prejuicios, sin conocer realmente a Dios a nivel personal.

Diez de los espías que entraron en esa tierra regresaron con un reporte negativo. Los otros dos trajeron un informe positivo y animaron a la gente a seguir adelante. Sin embargo, la mayoría se impuso. Hoy vemos a la mayoría imponerse, alejándonos por tanto de las promesas de Dios.

Me temo que esto describa a muchas iglesias evangélicas en la actualidad. Temen tanto que los llamen fanáticos que han sido indulgentes en su avance hacia el Señor. Tienen una vida espiritual más profunda ante ellos —con todas sus ricas bendiciones—, pero les preocupa tanto que la gente pueda verlos como intransigentes que se opongan a ellos. Hoy tenemos la idea de que debemos relacionarnos con la cultura si queremos alcanzar a las personas para Cristo.

Necesitamos tener hombres y mujeres tan comprometidos con Jesucristo que ningún obstáculo pueda ocultar de ellos la presencia de Dios. Es la nube de día y el fuego de noche los que nos orientan y nos animan a seguir adelante.

La rica vida en Cristo se opone a la cultura que nos rodea en casi todos los aspectos. Cuando vemos la vida más profunda, nuestro Canaán, y cuando nos alejamos de ella porque la mayoría se impone, perdemos las promesas y las bendiciones que Dios nos ha dado.

Más adelante, en Israel, encontramos a Josué y a Caleb liderando a una nueva generación para tomar la tierra prometida, derrotando a los enemigos y recibiendo lo que Dios tenía para ellos.

Se necesita una batalla. Si uno reflexiona en el pasado a través de la historia y ve los avivamientos, las reformas que han sucedido y toda la obra del Espíritu Santo, observará que cuando una iglesia se siente cómoda, pierde la perspectiva de lo que Dios tiene para ellos.

Sin embargo, no queremos perturbar a nadie. Queremos estar cómodos y deseamos que las personas que entran a nuestras iglesias se sientan igualmente cómodas. Les damos una palmadita en la espalda y les decimos: "Somos sus amigos".

Lo que hicieron Josué y Caleb en aquellos días es lo que se requiere en la iglesia de hoy. Necesitamos un nuevo Josué y un Caleb que nos guíen en la avanzada, cualesquiera que sean las batallas que encontremos en el camino. Este tipo de verdad tiene consecuencias y, con demasiada frecuencia —como Israel—, entramos a Canaán añorando tanto la árida tierra y el adusto desierto, que perdemos las maravillosas promesas que Dios tiene para nosotros.

No avanzar es perder lo que Dios tiene listo para nosotros. Ahora, cuando Dios establece el camino, no importan las dificultades que aparezcan, Él nos ha preparado para enfrentarlas y vencerlas. Ningún obstáculo sorprende a Dios; Él sabe lo que está por delante y cómo prepararnos para ello; por lo que debemos avanzar con su poder y confiar en su sabiduría. Muchas veces tratamos de hacerlo con nuestra propia fuerza y poder, pero eso no funciona de esa manera, nunca.

Necesitamos avanzar en el poder y la demostración del Espíritu Santo con el objeto de poseer todo lo que Dios ha planeado para nosotros. Creo que cuando esa generación que murió en el desierto vio lo que Dios tenía para ellos, se sintieron muy decepcionados; por tanto, pienso que debemos detenernos, retroceder un poco y meditar en las promesas de Dios para que veamos la clase de Dios que tenemos y lo que nos ha prometido. Dios siempre es tan bueno como sus promesas.

Las promesas de Dios, en esa vida profunda, se experimentan en nuestra cotidianidad.

Esas promesas a veces son físicas, espirituales y hasta financieras. Creo que Dios me ha prometido cosas que harán de mi vida una bendición no solo para mí, sino también para los que me rodean. Ahora, el problema es que tengo que ir a la tierra prometida, donde voy a enfrentar batallas y pruebas que intentarán detenerme. Pero al avanzar en el nombre del Señor, como lo hizo David con Goliat, encuentro un poder y una fuerza que no sabía que tenía.

Eso no es solo optimismo o pensamiento positivo. Al contrario, es que se está profundizando en las cosas de Dios. Se está profundizando en el carácter y la naturaleza de Él. Es entonces que empezamos a experimentar a Dios en una manera nunca antes vista. Salimos del desierto, entramos en la tierra prometida y comenzamos a disfrutar de todos los frutos prometidos por Dios.

Ellos no pudieron disfrutar del fruto en el desierto. Tenían que tener el maná que venía todas las mañanas, excepto el sábado, y luego —ocasionalmente— Dios les enviaba codornices.

Antes que podamos tener una victoria, tenemos que pelear la batalla.

¿Se imagina comer lo mismo día tras día? Estoy seguro de que se cansaron de eso, pero fue culpa de ellos. Estaban cosechando exactamente lo que sembraron.

Muchas personas hoy en día siguen la misma rutina una y otra vez, por lo que se decepcionan con su experiencia cristiana. Eso se debe a que están en el desierto pero, una vez que ingresen a Canaán, alimentarán su alma con el fruto de la tierra. Se regocijarán con las victorias en Canaán. Debemos considerar que antes que podamos tener una victoria, tenemos que pelear la batalla. Y cuando esa batalla termine, comenzaremos a disfrutar las promesas que Dios tiene para nosotros.

Entrar en la vida más profunda es una verdadera prueba, tal como lo descubrieron los hijos de Israel. Salieron del desierto, se fueron a Canaán y enfrentaron batalla tras batalla. Pero cada una de ellas los hacía más fuertes. Cada batalla los preparaba para la próxima. Y Dios estaba a favor de ellos, guiándolos; por eso caminaban bajo la nube durante el día y bajo el fuego por la noche, y nadie podía resistírseles.

Entrar a Canaán es una experiencia para cada cristiano que quiera conocer mejor a Dios.

▼

Alabanza al Dios de Abraham

La tierra celestial que veo,
Con paz y abundancia bendita;
Una tierra de libertad sagrada,
Y un descanso interminable.
Allí fluyen la leche y la miel,
Y el aceite y el vino abundan,
Y los árboles de vida crecen
Para siempre coronados de misericordia.

Atribuido a Daniel ben Judah
(alrededor de 1400) y parafraseado
por Thomas Olivers (1725-1799)

17

La fidelidad de Dios a su Palabra

▼

Padre celestial, a ti miro con toda reverencia. Me maravilla que desees mi adoración. Mi misión al adorarte me alienta a hacerlo aun más. Ayúdame a entender cuán fiel eres a tu Palabra. Ayúdame, Padre, a darme cuenta de que en ella descubro las bendiciones que tienes para mí. No merezco nada y algo que te agradezco es que no me das lo que merezco. Me das más gracia y más misericordia de las que puedo obtener. Tu fidelidad me motiva a obedecerte en todas las circunstancias. Alabado sea tu nombre, por Jesucristo mi Señor, amén.

Nuestras instrucciones con respecto al ángel que tenemos ante nosotros son observar con total atención y reverencia. Creo que ese es el elemento clave de todo esto. La reverencia es la puerta que se abre para obedecer a Dios. Si no obedezco a Dios, no iré a donde Él quiere que vaya ni cuando quiera que vaya. El cumplimiento de la promesa de Dios a Israel fue: "Mira, yo envío un ángel delante de ti para que te proteja en el viaje y te lleve a salvo al lugar que te he preparado" (Éxodo 23:20, NTV). Los israelitas vieron la fidelidad de Dios cuando obedecieron y se mantuvieron reverentes ante Él. Un elemento que falta en la iglesia de hoy es esta reverencia. Hemos adoptado la frivolidad y la indiferencia provenientes del mundo, las cuales están debilitando nuestra capacidad de adorar a Dios como se lo merece. Necesitamos cultivar un espíritu reverente puesto que es en nuestra reverencia que comenzamos a acercarnos a la presencia misma de Dios.

Imagínese a Israel viviendo bajo la nube durante el día y con la columna de fuego por la noche. ¿Qué podría ser más asombroso que conocer y sentir la extraordinaria presencia de Dios? Si quisiera ser cristiano por algún propósito, sería para sentir la presencia de Dios en mi vida diariamente.

Si queremos entender los caminos de Dios con el hombre, necesitamos creer, aceptar y recibir los beneficios para nosotros y para la iglesia en general. Dios está trabajando, Dios se está moviendo, Dios está dirigiendo y quiere que recibamos los beneficios de toda esa labor que tenemos ante nosotros. Esos beneficios no son algo que nos hemos ganado; más bien, los recibimos de Dios a través de nuestra obediencia a Él. No es algo que Dios tiene que darnos porque trabajamos por ello. Es algo que Dios desea darnos porque le agrada.

"Después de la muerte de Moisés, siervo del SEÑOR, el SEÑOR habló a Josué" (Josué 1:1, NTV). Israel pudo haber estado en esa tierra cuarenta años antes, pero no escucharon la Palabra de Dios puesto que simplemente no obedecieron. Sus años deambulando por el desierto fueron su culpa y solo de ellos. A veces no nos damos cuenta de que la mayoría de nuestros problemas son autoinducidos. Dios nos lleva por una dirección y nosotros zigzagueamos, entrando en todo tipo de dificultades y problemas de nuestra propia hechura. Ese no es el plan de Dios. El plan de Dios es guiarnos a la tierra en gloria victoriosa.

Los años que el pueblo de Israel pasó deambulando por el desierto fueron resultado de que se alejaron de Dios; el pacto, el propósito y la promesa de Dios se mantuvieron, pero ellos no cumplieron con la parte que les correspondía. Si no hubieran molestado a Dios, su promesa se habría mantenido.

Israel ahora debe ser separado de Moisés. Esa es la clave aquí. Eso debió haber sido un gran golpe para Israel en aquel momento. Toda una generación solo había conocido a Moisés. Este había simbolizado el liderazgo de Dios entre ellos. Hablaba por Dios. Era la conexión de ellos con Dios y con Canaán. Dios les habló de manera clara, alentadora, y les dijo que lo tenían a Él, el ángel que estaba ante ellos, el pilar ardiente. Ellos no necesitaban a Moisés. Creo que fue difícil para ellos entenderlo. Moisés había sido el epítome de su fidelidad a Dios.

Uno no pierde a Dios cuando uno de sus hombres desaparece de la escena. Eso era algo que Israel debía aprender. Aunque Moisés se había ido, eso no significaba que Dios los había abandonado.

Dios es el Dios de hoy y de mañana, así como lo fue ayer. Sin embargo, para la mayoría de los cristianos, Dios es solamente un Dios histórico, del pasado. Creen en todo lo que era, pero no pueden creer en Él hoy, y mucho menos lo harán mañana. Eso era lo que Dios estaba tratando de enseñarle a Israel en ese momento.

Es lo mismo que Dios está tratando de enseñarnos hoy. Demasiadas veces reflexionamos en el pasado y tratamos de revivir el ayer, cuando el plan de Dios está frente a nosotros y delante de nosotros. Dios desea guiarnos a una tierra de promesa, una tierra de bendición y una tierra de frutos.

Cuando nos entregamos al Señor y confiamos en Él en los malos tiempos, finalmente llegamos a ver que lo que Dios estaba haciendo era algo que nunca imaginamos.

Hace unos años, cuando estaba en Harrisburg en nuestra oficina de publicaciones cristianas, revisé algunas cartas en la oficina y encontré una fechada hacía mucho tiempo. Era de uno de los altos oficiales de la Alianza Cristiana y Misionera. Comencé a leer la misiva y me enojé un poco. La carta decía algo así como: "¿Quién es este Tozer, pastor de alguna iglesia en Chicago, que cree que puede escribir la biografía de A. B. Simpson?".

Tuve que reírme entre dientes porque recordé haber escrito esa biografía de A. B. Simpson. Recordé que fue una verdadera bendición escribirla, pero aquí estaba un hombre que no creía que yo estuviera capacitado para esa labor. Ese líder hablaba desde un punto de vista humano y pensaba que ese pastor insignificante de una pequeña iglesia en Chicago no tenía los medios para escribir una biografía de un hombre tan grande como A. B. Simpson.

¿No es así como Dios trabaja siempre? Cuando leí aquella carta me di cuenta de que tenía toda la razón. No había forma de que tuviera dentro de mí el talento o la capacidad para escribir una biografía sobre un hombre tan bueno como A. B. Simpson. Como ve, cuando Dios me inspiró a escribir esa biografía, me dio el poder y la capacidad para hacerla.

Cuando Dios nos guía a hacer algo por Él, siempre nos capacita para hacerlo.

Cuando Dios nos guía a hacer algo por Él, siempre nos capacita para hacerlo. Y aquí es donde viene la obediencia. Solo puedo obedecer a Dios cuando sé lo que Él quiere que haga. Puede que no entienda todas las implicaciones de lo que quiere que haga en un momento determinado, pero entiendo que quiere que haga algo, y si quiere eso, ha de darme el poder y la capacidad para hacerlo.

Creo que todos debemos estar haciendo cosas por encima de nuestra propia capacidad y de nuestros talentos humanos. Necesitamos elevarnos por encima de ello y comenzar a vivir en el poder del Espíritu Santo. No debemos ocuparnos en labores que seamos capaces de hacer, sino en trabajos que solo podemos desarrollar a través del poder del Espíritu Santo en nuestras vidas.

Alaba a Dios de quien fluyen todas las bendiciones

Alabado sea Dios, de quien fluyen todas las
    bendiciones;
Alabadle, todas las criaturas aquí abajo;
Alabadle vosotros arriba;
¡Alabado Padre, Hijo y Espíritu Santo!

Alabemos a Dios Padre que es la fuente;
Alabemos a Dios Hijo que es el curso;
Alabemos a Dios Espíritu que fluye;
¡Alabado sea Dios, nuestra porción aquí abajo!

Thomas Ken (1637-1711)

18

Canaán fue un regalo de Dios

▼

Padre celestial, te alabo por las formas maravillosas en que me bendices. No puedo contar mis bendiciones, son demasiadas. Trato de pensar en todos los modos en que me has bendecido y, cuando lo hago, mi corazón se llena de adoración por ti. Y lo que más bendice mi corazón, oh Padre, es el hecho de que mi adoración es aceptable en tu presencia. Gracias, Padre, por todo lo que has hecho.

Te agradezco las bendiciones que has traído a mi vida. Y confío en poder continuar adorándote y alabándote por el resto de mi vida. Cualquiera sea la situación mañana, sé que me sostienes. Te lo ruego, oh Padre, en el nombre de Jesús, amén.

srael dejó un lugar mejor, Egipto, para ir a uno peor, el desierto. Casi siempre, Dios nos permite experimentar consecuencias cuando desobedecemos de manera obstinada. Si Israel hubiera obedecido a Dios cuando salieron de Egipto para entrar a Canaán, habrían tenido dos cosas.

Primero, Moisés hubiera sido su líder en Canaán. Segundo, habrían estado en la tierra de la promesa disfrutando las bendiciones que Dios tenía para ellos.

No puedo poner demasiado énfasis en esto: lo que buscamos es recibir un regalo, no ganar una recompensa. No estoy trabajando por mi salvación, sino que estoy aceptando —por parte de Dios— la bendición de ser salvo por la sangre del Señor Jesucristo.

Necesito entender lo que Dios está haciendo y que me está dando un regalo, no puedo ganar nada. Recuerde lo que Dios dijo: "pues míos son los animales del bosque, y mío también el ganado de los cerros" (Salmos 50:10). ¿Qué podríamos darle a Dios que no lo tenga?

Las bendiciones de Dios siempre responden a nuestra obediencia. Cuando Israel se negó a ir a Canaán, esta no desapareció. Estuvo allí, cuarenta años después, cuando finalmente decidieron obedecer a Dios y entrar a ella. Incluso después de sus largos años de errores por el desierto, el regalo de Dios para ellos todavía estaba a su disposición, solo que en los términos de Dios. El apego a la fe debía reanudarse para que pudieran avanzar y recibir lo que Dios tenía para ellos. Eso es igual para nosotros hoy como lo fue para ellos entonces.

¿Con qué frecuencia nos negamos a buscar la bendición de Dios porque nos parece demasiado difícil? ¿Con qué frecuencia nos detenemos, damos la vuelta y nos dirigimos en la dirección opuesta cuando Dios ha puesto una bendición delante de nosotros? No vemos la bendición, lo que vemos es la batalla. No negociamos con Dios por esas bendiciones. ¿Qué influencia tendríamos con Dios? La única forma en que podemos recibir la bendición de Dios es rendirnos completamente a Él en obediencia incondicional.

Cuando Dios pone algo delante de nosotros, no debemos considerar el aspecto físico. Eso es exactamente lo que hizo Israel. Los diez espías solo vieron gigantes, mientras que los otros dos espías vieron la gloria de Dios.

Cuando observo la situación frente a mí, solo veo gigantes y, debido a eso, me alejo porque sé que no puedo manejar la situación. Es interesante que Dios ponga ante nosotros circunstancias que no podemos tratar con nuestras propias fuerzas para que podamos experimentar y entender la poderosa gracia y el poder de nuestro Dios. No hay méritos ni ganancias cuando tratamos de manejar la situación por nuestras propias fuerzas; Dios es el que nos capacita y nos empodera para manejarla. De cualquier manera, toda la gloria le pertenece a Dios.

Creo que todos los creyentes cometen el error de postergar la obediencia a Dios. Dios tuvo que esperar que toda una generación de israelitas muriera antes de llevarlos a la tierra prometida.

Todos tienen tanto de Dios y sus bendiciones como quieran tener. He dicho esto antes y lo sigo afirmando: Hoy soy lo que soy por mi respuesta a Dios. Si me entrego a Él, se lo entrego todo. Si trato de hacerlo por mi cuenta, toda la responsabilidad es mía. El tiempo que estoy perdiendo y el dolor que estoy experimentando son resultado de la desobediencia en mi corazón y de no hacer las cosas a la manera de Dios. Todo el mundo es tan santo como quiera serlo. Todos están tan llenos del Espíritu Santo como quieran estarlo. Mi deseo es tener todo lo que Dios quiere que tenga. Sé que voy a pasar por pruebas y problemas para llegar allí, pero eso vale la pena. Dios no nos bendice arbitrariamente; al contrario, nos lleva a su lugar de bendición. La clave es escuchar la voz de Dios y obedecerle. El

Todos tienen tanto de Dios y sus bendiciones como quieran tener.

destino no es definido por nosotros sino por Dios. Todo se ve diferente desde nuestro punto de vista.

Por ejemplo, cuando reflexionamos en la nube diurna y la columna de fuego nocturna, pensamos en situaciones opuestas. Durante el día, la nube se opone a la luz y, por la noche, el fuego se opone a la oscuridad. Creo que es difícil entender eso. Mis circunstancias no me definen; más aun, la obra de Dios en mí siempre se opone a ellas.

Mi alegría no reside en mi circunstancia, sino en ese ángel que está delante de mí.

Nosotros somos los que abrimos nuestros corazones para recibir tanto de Dios como deseemos. Dios no determina cuánto tendremos; nosotros decidimos cuánto vamos a aceptar de Dios. He orado y trabajado desinteresadamente y creo que el Espíritu Santo ha hablado a mi corazón. Necesito dejar de lado las ambiciones egoístas y establecerme en la Canaán que tengo en frente y que Dios tiene para mí. Cuando observe lo que Dios tiene para mí, y comience a ver —no a través de mis ojos, sino— con los del Señor, veré algo por lo que vale la pena sacrificarme.

El sacrificio no es un tema muy popular en estos tiempos. Pero la obediencia implica cierto nivel de sacrificio. Cuanto mayor es la obediencia, mayor es el sacrificio. Y cuanto mayor es el sacrificio, mayor es el regalo que Dios tiene para nosotros. Debo percatarme de que con mis propias fuerzas no puedo llegar a donde Dios quiere que esté. Sin embargo, Él me va a guiar. Hay una nube de día y un fuego de noche que me llevarán al lugar donde Dios quiere que esté.

▼

Solo canales

Cómo te alabo, precioso Salvador,
Cuyo amor me dominó;
Tú me has salvado, me has limpiado
Y me has llenado para que sea tu canal.

Solo canales, bendito Maestro,
Pero con toda tu gracia maravillosa,
Fluyendo a través de nosotros,
Puedes usarnos cada hora en todo lugar.

Mary E. Maxwell (fecha desconocida)

19

La maldición de las bendiciones retardadas

▼

Oh, Padre celestial, hoy te alabo por todas las bendiciones que estás derramando sobre mi vida. Confieso y pido disculpas por mi desobediencia, y por menospreciar las bendiciones por trivialidades. Oh Dios, aléjame del mundo, la carne y el diablo, y permíteme abrazar las bendiciones que tienes para mí. Permite que deje de lado todos los inconvenientes y todas las cosas que me distraen, y que mi corazón esté aferrado a ti. Que pueda ver delante de mí de tal manera que no me distraiga nada más. Permite que no me desanime nunca por ningún retraso en las bendiciones que has querido para mí. Ayúdame a ser paciente y a esperar tu tiempo, de modo que hagas lo que intentas hacer en mi ser y a lo largo de mi vida. Y te pido esto, oh Padre, en el nombre de Jesús, amén.

Ahora Israel está a orillas del río. Moisés se fue. Deambularon cuarenta años, innecesariamente, por las áridas tierras del desierto. Insisto en que ese tiempo errando fue innecesario. Dios los había capacitado a ellos y había preparado la tierra antes de todo, pero ellos decidieron darle la espalda a Dios.

Una nueva generación se ha levantado que no tiene idea de lo que está por suceder, y ante ellos está la tierra bendita. Una tierra que podrían haber estado disfrutando los últimos cuarenta años. En el capítulo 1 de Josué, vemos que este es enviado para guiarlos a través del río. Alguien debe dirigir y exhortar al resto de la gente, por lo que el hecho de llevarlos a aquella tierra se convierte en la responsabilidad de Josué. Sin embargo, como sabemos, Josué no está solo. Nosotros tampoco. Como sucedió hace miles de años, el ángel que nos precede nos llevará a la tierra prometida.

Si recuerda bien, Josué y Caleb fueron los dos espías que animaron a Israel a entrar en la tierra prometida. Estos dos personajes fueron los que vieron a los gigantes, pero miraron más allá de ellos y observaron la gran bendición que Dios tenía para Israel. Ellos ni pensaron en lo que podían hacer con sus propias fuerzas, solo vieron la tierra como algo que Dios tenía para ellos.

Cuando Caleb regresó de espiar aquel territorio, trató de alentar a todo Israel para que siguiera adelante y reclamara la promesa de Dios: "Caleb hizo callar al pueblo ante Moisés, y dijo: Subamos a conquistar esa tierra. Estoy seguro de que podremos hacerlo" (Números 13:30). Caleb entendió que su fortaleza para poseer la tierra era Dios, que estaba con ellos. Dios nunca olvidó la confianza que Caleb tuvo en sus promesas. Por la gracia de Dios, este permitió que Josué y Caleb fueran los últimos sobrevivientes de esa generación que se negó a aceptar a Dios y a su Palabra. Fueron los únicos de esa generación que vivieron las bendiciones que Dios había prometido. Él y Josué sabían que Dios estaba a favor de ellos y que no avanzaban solos.

Un aspecto poco halagador de la naturaleza humana es que rara vez se encuentra sola en su camino. Deambula por el desierto durante años tratando de encontrar la salida. Aún más raramente toma el camino cuando lo encuentra, a menos que Dios envíe a alguien para que lo aliente. Ahí es exactamente donde está la iglesia de hoy. Necesitamos ser empujados por algún hombre de Dios en la dirección que Dios quiere que vayamos. Josué y Caleb fueron los siervos de Dios que fungieron para instar a Israel a que fuera a la tierra prometida.

Me gusta lo que dice Josué 6:12: "Josué se levantó temprano en la mañana" para cumplir los mandatos de Dios. No dudó porque confiaba en Dios y creía que este sería fiel a su Palabra.

¿Alguna vez ha notado en las Escrituras que las grandes almas siempre estaban ansiosas, aun cuando obedecer era extremadamente fuerte? Pienso en la historia de Abraham e Isaac y cómo Abraham se levantó temprano para ir a la montaña a la que Dios los dirigió. Abraham había esperado mucho tiempo por el nacimiento de Isaac. Este llegó cuando tanto Abraham como Sara habían pasado los años normales para que los cónyuges tuvieran hijos. Sin embargo, tuvieron la paciencia de esperar la bendición de Dios.

A veces, la bendición retrasada es la más grande que podemos tener. El retraso en conseguir un hijo no se debió a la desobediencia de Abraham sino a la providencia de Dios. En lo que respecta a Dios, el tiempo es una parte importante de nuestro caminar. No obstante, nos impacientamos y tratamos de adelantarnos a su tiempo.

La demora de la bendición de Israel fue resultado de la desobediencia, por no querer hacer lo que Dios les ordenó. Una vez más, el tiempo es importante.

Una lección esencial aquí es que, aun cuando la bendición se demore, sigue siendo divina. A Dios no le afecta nuestra desobediencia. Sin embargo, al igual que Israel, pagaremos caro por la desobediencia, aunque Dios todavía cumplirá su propósito.

¿Cuál cree usted que es la mayor decepción para Jesús? ¿El modernismo, la ceguera en las iglesias o la languidez en los corazones de los que conocen la verdad?

Cristo se decepciona con aquellos que saben el camino a seguir, pero se han negado a ir en esa dirección.

Gracias a Dios que Josué se levantó temprano en la mañana. Estaba listo y ansioso por completar la obra que Dios le había encomendado.

A veces, la bendición retrasada es la más grande que podemos tener.

Es vital que sigamos el camino de Dios y recibamos su expiación y su misericordia; sin embargo, casi todos andan errando por el desierto. Cantamos: "¿No es esta la tierra de Beulah?", pero ¿qué revelan los hechos?

Ellos tuvieron que internarse en el río Jordán; solo después que dieron ese paso, las aguas se separaron. Eso fue valentía, fe y cooperación por su parte. Las aguas estaban allí, pero cuando metieron sus pies en ellas fue que se separaron.

Demasiadas personas esperan que todos los obstáculos desaparezcan. Esperan un milagro o una intervención providencial para que les allane el camino. Pero Israel entró al agua y, después que entraron, esta se abrió.

Cuando los cristianos obedecen y cruzan el río, aunque parezca que se están ahogando, cuentan con que Dios hará su parte. Y luego dan ese maravilloso salto de fe.

Usted ha fracasado durante años. Ha estado frente a la puerta de esa tierra bendita por mucho tiempo, pero es hora de levantarse. El Señor de toda la naturaleza se lo ordena.

▼

¿No es esta la tierra de Beulah?

Morando estoy en la montaña,
Donde la dorada luz del sol resplandece
En una tierra cuya maravillosa belleza
Supera en creces mis sueños más preciosos;
Donde el aire es puro, etéreo,
Lleno del aliento de las flores,
Que florecen junto a la fuente,
Bajo arcos de amarantos.

¿No es esta la tierra de Beulah?
Bendita, bendita tierra de luz,
Donde las flores prosperan para siempre,
¡Y el sol siempre ha de brillar!

Atribuido a William Hunter (1811-1877)
y Harriet Warner Re Qua
(fecha desconocida)

20

Cómo aprovechar
las crisis

▼

*Padre celestial, mi marcha avanza con una fe absoluta.
Mi fe en ti es lo que me impulsa paso a paso. Te alabo
por lo que me estimulas a lo largo del camino. Si no
fuera por ti, habría fracasado hace mucho tiempo. Tu
fidelidad a mí ha promovido la mía a ti. Te alabo por
haberme ayudado a pasar por momentos muy difíciles.
Si me hubiesen dejado solo, ciertamente habría ido
por el camino equivocado. También creo, Señor, que
tienes control de mis siguientes pasos. No sé con certeza a dónde me llevarás, pero estoy seguro de que me
llevarás por el camino correcto. Perdóname por tomar
mis propias decisiones en cuanto a la dirección de mi
vida. Gracias por mantenerme en el camino correcto.
Ruego esto en el nombre del Señor Jesucristo, amén.*

srael, ahora bajo el liderazgo de Josué, se preparó para cruzar el Jordán y entrar a la tierra prometida. Se había trazado una línea puntual, por lo que el arca del pacto estaba en medio del Jordán en tierra seca. Una vez que cruzaran esa línea, nunca más debían regresar.

> Por su parte, los sacerdotes que portaban el arca del pacto del SEÑOR permanecieron de pie en terreno seco, en medio del Jordán, mientras todo el pueblo de Israel terminaba de cruzar el río por el cauce totalmente seco.
>
> Josué 3:17

Ellos cruzaron la línea y el pueblo de Israel experimentó una crisis. Fue un evento memorable, por decir lo menos. Finalmente estaban llegando al lugar donde Dios quería que estuvieran, lo que siempre es una experiencia de crisis, pero no justifica que se regresaran.

Creo que esta es la forma en que Dios actúa. Podemos verlo en la creación cuando Dios hizo los cielos y la tierra, y no hubo vuelta atrás. La caída del hombre en el jardín del Edén también fue una experiencia crítica, a partir de la cual Adán y Eva no pudieron retroceder.

Esto es cierto en cuanto a cualquier experiencia humana: el nacimiento, la muerte e incluso la conversión. Todos estos son puntos de nuestras vidas que cruzan una línea particular, línea a la que no podemos volver después que la cruzamos.

La llenura del Espíritu Santo no es una experiencia casual que podamos tomar o dejar. Hay una línea espiritual por cruzar, una experiencia de crisis, que nos lleva a la tierra prometida por Dios. Después de esa crisis, vienen el crecimiento y el desarrollo, con lo que vienen las conquistas de las tierras que nos rodean. Una vez que cruzamos esa línea espiritual, comenzamos una nueva experiencia que solo puede ser diseñada por la obra del Espíritu Santo en una vida que se ha rendido a Él.

Cuando Josué estaba dirigiendo al pueblo a través del Jordán, estaba liderando a una gente rendida que iba a vivir cosas que nunca había experimentado.

Siempre hay razones detrás de todo lo que Dios hace o nos lleva a hacer. En Josué 4, leemos cómo el Señor le dijo a Josué que erigiera doce piedras que servirían de monumento para mostrar que las doce tribus de Israel habían cruzado una línea particular a la que nunca debían regresar.

Necesitamos marcadores que nos recuerden lo que Dios está haciendo en nuestras vidas y cómo nos está guiando para cruzar una línea particular a la que nunca debemos regresar. Esto es algo individual para la mayoría. Pero incluso en las congregaciones hay que establecer marcadores que nos recuerden la manera en que Dios nos está guiando con el fin de que no olvidemos que Dios quiere que no regresemos a ese punto, sino que avancemos con el poder del Espíritu Santo.

> *Necesitamos marcadores que nos recuerden lo que Dios está haciendo en nuestras vidas.*

Aquellas doce piedras que Josué ordenó que se colocaran allí y que sirvieron de monumento fueron puestas para inspirar a la siguiente generación. Cada vez que veían aquel monumento,

144

los padres les explicaban a sus hijos cómo los dirigió Dios, cómo los hizo cruzar el Jordán, cómo estableció su futuro, pero además de ello, les explicaban que tenían que dar la espalda a su pasado. A veces, estamos tan atrapados con el pasado que no podemos ver lo que Dios está haciendo en el presente. Ese monumento fue para recordarles que debían seguir adelante y no mirar atrás.

Creo con certeza que hoy no tenemos muy claro el cristianismo, si realmente puede llamarse así: cristianismo. Muchas cosas en nuestro cristianismo no tienen un significado claro. Nos hemos mezclado tanto con la cultura que es difícil distinguir entre ambas cosas. No hay una línea firme trazada entre el mundo y el cristianismo de hoy.

Alguien visita una iglesia y ve a un viejo amigo, se le acerca y le dice: "Hola, Bill. No sabía que ibas a la iglesia. Ni siquiera sabía que eras cristiano".

Lo que quiero enfatizar es el hecho de que el verdadero cristiano se conoce. No hay duda de que esa persona es cristiana.

Es similar a lo que ocurre cuando nace un bebé. Sabemos que el bebé ha nacido porque está ahí, justo delante de nosotros. No hay duda al respecto.

Lo mismo ocurre con el cristiano que ha nacido de nuevo. La experiencia espiritual es real. Hay lucha, dolor y trabajo arduo, hasta que finalmente somos dados a luz por el poder redentor de Dios.

Hay algunas conclusiones razonables que quiero exponer aquí. Si no sabemos que hemos cruzado una línea, es porque no la hemos cruzado. Si no sabemos cuándo lo hicimos, es porque no lo hicimos. Cruzar esa línea es una experiencia real.

Creo que sucede lo mismo con otros aspectos de nuestra experiencia cristiana.

Si uno no sabe que se ha consagrado al Señor ni sabe cuándo lo hizo, es probable que no lo haya hecho nunca. Si usted no sabe cuándo se rindió al Señor, no se ha rendido. Si usted no sabe cuándo fue lleno del Espíritu Santo, es porque no lo fue.

Esas experiencias personales son fundamentales en nuestro caminar con Cristo. Así como los israelitas hicieron que ese monumento les recordara que cruzaron el Jordán, también tenemos monumentos que nos recuerdan nuestras experiencias con Cristo. Nuestra conversión, nuestra llenura con el Espíritu Santo, nuestra entrega a Cristo son todos puntos de referencia y monumentos a nuestros encuentros con Él.

Nadie irá al cielo que no lo sepa desde ahora. No son conjeturas; es lo real de la experiencia personal lo que nos hace completamente confiados en nuestro caminar con Cristo. Josué 5:1 dice:

En efecto, un gran pánico invadió a todos los reyes amorreos que estaban al oeste del Jordán y a los reyes cananeos de la costa del Mediterráneo cuando se enteraron de que el SEÑOR había secado el Jordán para que los israelitas lo cruzaran. ¡No se atrevían a hacerles frente!

El temor de la gente no es sorprendente. En Josué 4:24, Dios prometió que "todas las naciones de la tierra supieran que el Señor es poderoso" a través de sus acciones, "para que ... aprendieran a temerlo para siempre". Por alguna razón, los moradores de aquella tierra entendieron que se enfrentaban a un enemigo que no podían controlar.

En nuestra experiencia cristiana, al cruzar la línea que Dios ha establecido para nosotros, descubriremos que los obstáculos comienzan a derretirse. No pueden oponerse a la ardiente guía del Espíritu Santo en nuestras vidas. Cuando los vemos al principio, se ven feroces e imbatibles; pero a medida que obedecemos a Dios, nos entregamos a Él y cruzamos la línea que estableció, esos obstáculos comienzan a desaparecer. No es que no puedan oponerse a nosotros, no pueden oponerse al Dios que nos está guiando en la dirección que Él quiere que vayamos. A medida que caminamos en su dirección, empezamos a triunfar. Ganamos victorias día tras día con Dios que nos guía. Él nos dirige a través de esa tierra de promesa con el objeto de que ganemos esas victorias.

Nada es más evidente, en mi experiencia con Dios, que los obstáculos que se derriten y las victorias que estoy ganando en el nombre de Jehová.

Una cosa es que usted diga que se ha rendido a Cristo y otra es tener la evidencia, así como los testigos de su entrega a Cristo. Usted no puede entregarse a Cristo y que nadie lo note.

¿Cuál es la evidencia clara de que ha dejado el mundo? Necesitamos estar separados de él, no solo con palabras, sino con hechos. Entonces los que nos rodean notarán una diferencia en nuestras vidas y una separación severa del mundo que nos rodea.

Por tanto, quiero un claro testimonio de que cruzó el Jordán hacia la tierra prometida. ¿Dónde están los testigos que corroborarán su testimonio de que caminó a través del Jordán y poseyó la tierra que Dios preparó para usted?

Los desafíos a los que nos enfrentamos son las batallas en las que debemos participar, las que representan de qué se trata la vida consagrada. Dios nos está guiando, aunque el camino que ha establecido tiene sus batallas. Batallas que son el camino a la victoria.

▼

A la victoria

Cristiano, cíñete la armadura,
Hay una victoria que ganar
Para el Señor, para el Señor;
Toma el casco, la espada y el escudo,
Sal al campo de batalla.
En su Palabra, en su Palabra.

En marcha avanzaremos hacia la victoria;
Jesús será nuestro líder,
Jesús será nuestro líder;
Marcharemos hacia la victoria,
A una victoria final y gloriosa.

Elisha A. Hoffman (1839-1929)

21

Cómo establecerse en la tierra prometida

▼

Bendito Espíritu Santo, muchas gracias por tu fidelidad al guiarme por el camino a la tierra prometida. Reconozco que he tenido algunos momentos difíciles, que fueron resultado de no haber confiado verdaderamente. Perdóname, oh Espíritu Santo, por dudar de ti y tratar de descubrir cosas por mi propio esfuerzo. Te alabo por el maravilloso camino por el que me has guiado. Te alabo porque mis faltas y mis fallas no alteran tu habilidad para liderarme y dirigirme. Muchas gracias por tu paciencia conmigo. Ruego, oh Espíritu Santo, que tu paciencia se refleje en mi vida mientras trato de ser paciente con otros creyentes. Que tu gracia y tu poder me fortalezcan día a día. En el precioso nombre de Jesús oro, amén.

srael está en la tierra prometida y, con el pasado de fondo, avanzan bajo el liderazgo de Josué. El cimiento —el monumento de las doce piedras—, fue instalado y están tomando posesión del territorio.

Para Israel hacer el altar de las doce piedras y establecerse en la tierra tuvo tres resultados.

El primero se encuentra en Josué 5:2-9, cuando Israel fue circuncidado.

La circuncisión fue la marca de Dios para su pueblo y tuvo una larga historia con los israelitas. Comenzó con el mandato de Dios a Abraham: "Y este es el pacto que establezco contigo y con tu descendencia, y que todos deberán cumplir: Todos los varones entre ustedes deberán ser circuncidados" (Génesis 17:10). Después de que Israel salió de Egipto, fue renovado bajo el liderazgo de Moisés. Durante su tiempo en Egipto, no practicaron el rito de la circuncisión. Antes que Dios pudiera permitirles entrar en la tierra prometida, tenían que renovar ese voto a Jehová. La circuncisión fue la señal de Dios para su pueblo de que eran diferentes de los otros habitantes de la tierra. El pueblo de Dios siempre está separado del mundo que lo rodea.

La implicación de esto es que la circuncisión anuló el oprobio de Egipto a Israel. No podían entrar a Canaán con ninguno de los efectos egipcios sobre ellos. Tenían que estar completamente separados de todo lo egipcio.

La aplicación de esa circuncisión para nosotros hoy es que Dios nos ha separado del mundo que nos rodea. Nuestra conversión es la circuncisión espiritual que nos separa del mundo. Si mi conversión no me está separando del mundo que me rodea, no es una conversión genuina. ¿Qué razón hay para la conversión si no es tan drástica como la circuncisión? ¿Cuántas personas tienen lo que yo llamo una conversión artificial? En otras palabras, no es una conversión bíblica —ni real— a Cristo. Una cosa es mejorar su vida y limpiarla un poco, pero otra es que Dios la transforme con su poder. La conversión constituye una transformación, no meramente una actualización.

El pueblo de Dios siempre está separado del mundo que lo rodea.

Las personas pueden limpiar sus vidas, Terminar con sus viejos hábitos y comenzar unos nuevos que sean beneficiosos para su salud, pero eso no es una conversión bíblica. La conversión real es la marca de Dios en la vida de la persona, una marca que le distingue del mundo que le rodea. Si el mundo no reconoce que usted ha nacido de nuevo, es porque no ha nacido de nuevo.

El segundo resultado es que el maná cesó (Josué 5:10-12). A lo largo de la experiencia en el desierto, Dios le daba —cada día— a su pueblo el maná del cielo. Ahora que habían cruzado el Jordán en dirección a la tierra prometida, esa provisión cesó.

Esta fue una señal de la madurez de Israel en cuanto a su caminar con Dios. El maná solo había sido temporal, como un regalo diario de Dios a Israel, pero ahora eso había terminado. Dios los guio a Canaán, la tierra de los grandes frutos, con una dieta más completa. Un gran cambio para Israel. ¿Recuerda cómo se cansaban del maná diario y se quejaban a Dios? Así es como opera la falta de madurez. A medida que maduraron en su caminar con Dios, este los movió a un suministro de alimentos mucho mejor.

El fruto en Canaán no fue resultado de la plantación de árboles por parte de Israel. Fue consecuencia de que Israel obedeció a Dios y lo siguió hasta esa tierra. Tomaron posesión del territorio, incluido todo el fruto de Canaán.

Vemos esto resumido para nosotros en el Nuevo Testamento con los cristianos corintios (1 Corintios 3:1-2), y luego con los creyentes hebreos (Hebreos 5:11-14).

El propósito de ir a Canaán era llevar a Israel a un estado de madurez en cuanto a las cosas de Dios. Ese fue todo el objetivo y, para nosotros, hoy es desafiarnos a crecer en las cosas de Él. Este es el gran problema con los cristianos de hoy. Viven como si todavía estuvieran en el desierto, comiendo maná; no se han aclimatado al fruto de Canaán.

Hoy escuchamos el grito: "Quiero hacer algo. Estoy aburrido". Por lo tanto, proporcionamos a los feligreses ficción y drama, y todo tipo de entretenimiento. En la iglesia evangélica de este tiempo hay tanto entretenimiento como en el mundo.

Los cristianos promedios de hoy, o debería decir aquellos que piensan que son cristianos, no saben la diferencia entre el entretenimiento que se arraiga en el mundo y la verdadera adoración a Dios. Si pudieran experimentar la verdadera adoración de Dios, no estarían satisfechos con el entretenimiento mundano.

El tercer resultado es la aparición de un Hombre con una espada (Josué 5:13-15).

Esta fue una experiencia vital para Josué. Este ángel fue verdaderamente el Espíritu Santo que se encontró con Josué. Es el Consolador, como se describe en el Nuevo Testamento (Juan 14). Y le dio un mensaje alentador a Josué para que siguiera adelante y terminara el trabajo que Dios le había llamado a hacer. Hay ocasiones en que necesitamos un nuevo mensaje de aliento por parte del Señor. Lo que Josué estaba pasando lo calificó para ese tipo de estímulo. ¿Cómo puede saber que está haciendo lo que Dios quiere que haga si no tiene una relación continua con Él como la de Josué?

El territorio de Canaán era tierra de adoración. Fue una tierra llena de la adoración de Jehová.

Eso comenzó con Abraham, que en aquel momento se llamaba Abram, en Génesis 12:7-8. "Allí el Señor se le apareció a Abram y le dijo: 'Yo le daré esta tierra a tu descendencia'. Entonces Abram erigió un altar al Señor, porque se le había aparecido. De allí se dirigió a la región montañosa que está al este de Betel, donde armó su campamento, teniendo a Betel al oeste y Hai al este. También en ese lugar erigió un altar al Señor e invocó su nombre".

Luego Jacob construyó un altar: "Dios le dijo a Jacob: 'Ponte en marcha, y vete a vivir a Betel. Erige allí un altar al Dios que se te apareció cuando escapabas de tu hermano Esaú'" (Génesis 35:1).

Entonces Josué se desató los zapatos. Josué 5:15 dice: "El comandante del ejército del Señor le contestó: Quítate las sandalias de los pies, porque el lugar que pisas es sagrado. Y Josué le obedeció".

Canaán era una tierra de adoración, por lo que Dios dirigió a su pueblo en varias formas de adoración.

Hay un espacio, aquí en la tierra, donde el alma es bendecida en el altar.

La pregunta que se debe hacer es, ¿dónde está usted? ¿Cuál es su cristianismo? ¿Es social? ¿Es formal? ¿Es entretenido? ¿Es teológico? ¿Es escapista?

¿O es el cristianismo que adora y agrada a Dios, lleno de éxtasis y exaltación en su presencia?

De camino a la tierra de Canaán

De camino a la tierra de Canaán voy,
Donde el alma nunca muere;
Do mi noche más oscura en día se convertirá,
Donde el alma nunca muere.

Sin tristes despedidas,
Sin lágrimas en los ojos;
Donde todo es amor,
Y el alma nunca muere.

William M. Golden (1878-1934)

22

Cuando el desaliento ataque, anímese

▼

Padre celestial, te suplico en este momento que con-sueles mi corazón y mi alma.

Muchas cosas me han desanimado y desviado mi atención de ti. Me encuentro en el abismo de la des-esperación. Oh Dios mío, perdóname por permitir que las circunstancias desenfoquen mi atención en ti. Ayúdame a ver que en mi desaliento hay oportunida-des para descubrir más de tu gracia y tu misericordia. Guíame, Espíritu Santo, por los caminos que traerán regocijo a mi corazón. Permíteme usar mi desánimo para regocijarme en ti. Te lo pido, oh Padre, en el nom-bre de Jesús, amén.

Muchos creen que una vez que se convierten en cristianos y entran a Canaán, no habrá más desánimo. Que todo estará bien, será edificante y alegre. Ojalá fuera así, pero en verdad no lo es.

Sin embargo, quiero enfatizar que el desaliento, aunque tiene un efecto muy negativo en nuestras vidas, puede además generar un efecto positivo.

Podemos desanimarnos, pero en medio de ese desaliento, comenzamos a ver dos cosas. Primero, nuestra propia debilidad, y segundo, el modo en que la gracia de Dios se aplica a nuestras vidas en medio de esa debilidad. El desaliento puede convertirse fácilmente en una emoción dominante. Puede hasta convertirse en una perspectiva, una actitud y la lente a través de la cual lo vemos todo.

Un agricultor, en un día lluvioso, observa por la ventana y ve todo el ambiente nublado. Todo lo que ve es la lluvia, una atmósfera que puede generar mal humor. Sin embargo, ese clima es lo que necesita el campo para determinar si tendrá una buena cosecha y qué tipo de plantas crecerán. El agricultor mira más allá del clima tempestuoso y lluvioso; ve los cultivos.

El estado de ánimo de una persona no la define, pero puede determinar si habrá tiempos buenos o malos. Al igual que en el campo con los agricultores, no puede estar soleado todos los días de la semana. Eso afectaría a la siembra. No podemos esperar que todos los días estén libres de cosas que promueven el mal humor. No podemos pensar que nunca sentiremos desaliento.

El desánimo siempre juega con la autocompasión. En cualquier reunión habrá cristianos a quienes les moleste cierto grado de desaliento. El desánimo puede venir de cualquier lugar. Pero llega, y cambia nuestro estado de ánimo y nuestra perspectiva, sobre todo.

Aquí es donde el enemigo se complace. Cuanto más desanimados estamos, más se agrada, por lo que se enfoca en esas cosas que alimentan nuestro desánimo.

Y hay personas que sufren un desaliento tan profundo que les afecta físicamente.

Muchas veces esas personas actúan en consecuencia. Están profundamente desanimados y llenos de descontento, pero lo ocultan a todos los demás. Han aprendido a sonreír y lucir felices, pero si uno pudiera llegar a la raíz de sus vidas, descubriría cómo están. Muchos han comprado la idea de que el cristiano no debe desanimarse nunca. Si se desaniman, no quieren que nadie lo sepa.

¿Qué causa el desaliento, particularmente entre los cristianos? La diferencia entre el pensamiento negativo y el positivo es que el primero descubre qué es lo que está mal y el segundo decide cómo solucionarlo. El diagnóstico del médico le dice qué está mal y qué hacer al respecto.

Una de las causas del desaliento se puede ver en la vida de Elías. Ese es un ejemplo dramático de un hombre que se desanimó profundamente porque no había nadie a su alrededor que siguiera su camino. Todo el mundo parecía haberlo abandonado. Le faltaba un alma con ideas afines.

Usted puede estar experimentando lo mismo. Ya sea en su hogar, oficina o en algún otro aspecto de su vida, no tiene un alma con quien pensar para tener comunión.

Ahora, eso puede beneficiarle como lo hizo con Elías. Aquí hay un pequeño truco que quiero contarle. Cuando Elías estuvo solo y todos los demás profetas lo abandonaron, le mostró al mundo que le rodeaba lo que Dios podía hacer frente a Baal. Hay un refrán que dice: "Cuanto más grande es, más fácil cae". Lo mismo se aplica en el mundo espiritual.

Algunos cristianos no se desaniman porque, para empezar, nunca tuvieron mucho. No esperan nada y, como no lo consiguen, simplemente dicen: "Bueno, está bien". Sin embargo, hay cristianos con ideales más altos, mucho más altos de lo que pueden alcanzar. Después de seis meses de lucha, si no pueden alcanzarlos, les dan la espalda con desaliento. Cuanto más elevada es la aspiración espiritual, más profundamente se adentran en el pantano del desaliento. Juan Bunyan llamó a eso el "Abismo del desaliento" en su libro *El progreso del peregrino*.

Pero ¿cuál es la cura?

El desaliento se basa en una creencia errónea. El error es simplemente que uno piensa que es el único que esta así, cuando en realidad eso no es cierto. En primer lugar, hay muchos como usted. Su desaliento también se basa en no recordar que Dios está con usted y que nunca está solo. ¿Qué clase de Dios sería Él si no enviara a su ángel para que nos acompañara?

Sé que hay veces que estamos en situaciones difíciles. Incluso nuestro Señor se encontró en una situación en la que su sudor era como grandes gotas de sangre, por lo que un ángel acudió a Él y le sirvió. Fue cuando Elías estaba en un profundo desánimo que Dios le envió un ángel para que bajara y le hiciera un pastel.

Muchos cristianos se desaniman por la maldad de las personas que los rodean.

Tenemos el caso de Jeremías, conocido como el profeta llorón, como otro ejemplo. Por todas partes que miraba había maldad. No tenían periódicos en aquellos tiempos, aunque sí los hubieran tenido, diría que la mayoría del papel estaba cubierto de iniquidad o informes de medios perversos o ideas malignas. Jeremías lo entendió, pero nadie más estaba prestando atención. Él puede ser llamado el profeta llorón, pero estaba muy lejos de que se desanimara (Lamentaciones 3:24).

El santo siempre se destaca cuando la oscuridad cubre la tierra.

¿Qué va a hacer con su desaliento? Recuerde, las estrellas no brillan por el día; puesto que la luz reina sobre la tierra. ¿Por qué brillan en la noche? Porque la oscuridad las hace visibles. Así que en todos los períodos de la historia el santo siempre se destaca cuando la oscuridad cubre la tierra.

En vez de desanimarse, ore algo como lo que sigue: "Padre, te agradezco que, aunque no soy tan grande como las grandiosas almas del pasado, sé que puedes trabajar a través de mí en cualquier circunstancia".

De modo que recuerde esto cuando pase por momentos desalentadores: El Señor Dios nos ayudará a través del ángel que está delante de nosotros y, por lo tanto, no nos desanimaremos, sino que nuestro estímulo estará en Él.

Si ha estado llegando a las sombras y a la oscuridad, y si ha estado atrapado por el diablo, tiene el perfecto derecho de pararse y decir: "Por cuanto el Señor omnipotente me ayuda, no seré humillado" (Isaías 50:7). A todos los que andan en tinieblas y no tienen luz, confíen en el nombre del Señor. Esto haré, y no los abandonaré (ver Isaías 42:16).

No tengas miedo

No tengas miedo, soy yo,
No temas, soy yo;
Aunque soplen fuertes vientos,
Mi barco navega bien,
Dios rige en la tierra y en el cielo:
No tengas miedo, soy yo,
No tengas miedo, soy yo,
La tormenta no puede perturbar mi alma confiada
Porque Jesús camina sobre las rugientes olas;
Su voz escucho, eso calma mi temor,
Soy yo, no tengas miedo.

Barney Elliott Warren (1867-1951)

23

Cómo atravesar las nubes obstructoras

Dios y Padre de nuestro Señor Jesús, te damos gracias porque no nos has permitido vagar por el valle infestado de serpientes ni nos has abandonado allí. Pero nos has cautivado, nos has atraído e incluso has puesto una puerta delante de nosotros. Dondequiera que estemos, hay una salida y una entrada. Lo has dispuesto en tu gracia. Has enviado a tu Hijo, Jesús, a morir, a resucitar, a vivir y ser para nosotros un abogado de lo alto. Te bendecimos. No nos desesperaremos, no nos rendiremos, no nos someteremos al enemigo. Nos atreveremos a creer que con cada tentación has hecho un camino que convertirá nuestra lata en plata y nuestra plata en oro, y que nos darás traje de fiesta en vez de espíritu de desaliento. Bendice estas palabras, te pedimos, en Jesucristo nuestro Señor, amén.

Mientras recorremos Canaán, caminamos bajo la nube por el día y por la noche bajo la columna de fuego. Estamos bajo la protección de Dios, que incluye toda posibilidad, día y noche. No hay nada que nos pueda pasar para lo que Dios no nos haya preparado.

Este ángel que tenemos delante, nos está guiando bajo la nube divina que Dios ha provisto. No tenemos nada que temer, sabiendo que vamos en la dirección que Dios quiere que vayamos y que las provisiones de Dios son infinitas.

Cuando enfrentamos problemas, no tenemos que rendirnos. Sabemos que hay una puerta de esperanza en el valle de la desesperación. Si hay dificultades en su negocio, no se rinda. Si sus nervios están crispados y siente que una crisis está a la vuelta de la esquina, no se rinda. No se rinda pase lo que pase. Porque Dios dice que hay una puerta, solo tiene que creer.

Nuestro Señor apoyó esta imagen de la puerta cuando dijo: "Yo soy la puerta; el que entre por esta puerta, que soy yo, será salvo. Se moverá con entera libertad, y hallará pastos" (Juan 10:9).

Cuando pensamos en las puertas, debemos entender que hay unas que son malvadas y otras que son benditas.

He visitado las cárceles, y creo que uno de los sonidos más escalofriantes que se pueden escuchar en cualquier lugar de la tierra es el crujido del cierre de la puerta de una prisión. La gran cerradura que gira produce un sonido angustioso. Así que hay puertas malvadas a nuestro alrededor.

Sin embargo, también hay puertas benditas. A veces estas no son evidentes hasta que enfrentamos tiempos difíciles y desalentadores. Dios tiene la puerta ahí frente a nosotros, pero no la vemos hasta que Él esté listo para mostrárnoslas.

La puerta abre el paso a un nuevo territorio. Dios construyó una puerta de esperanza para que no nos desesperáramos cuando nos abrumaran nuestras dificultades.

No hay nada que nos pueda pasar para lo que Dios no nos haya preparado.

Recuerde, la sangre de Jesucristo nos limpia de todo pecado. El Señor nos llama: "El Espíritu y la novia dicen: '¡Ven!'; y el que escuche diga: '¡Ven!' El que tenga sed, venga; y el que quiera, tome gratuitamente del agua de la vida" (Apocalipsis 22:17).

Jesús dijo: "Vengan a mí todos ustedes que están cansados y agobiados, y yo les daré descanso. Carguen con mi yugo y aprendan de mí, pues yo soy apacible y humilde de corazón, y encontrarán descanso para su alma" (Mateo 11:28-29).

Llega un momento en que debemos detenernos y decir: "Parece que no hay lugar al cual ir desde aquí". De acuerdo, mire al frente. Ahí está la puerta, una puerta de esperanza que Dios ha abierto especialmente para usted. Entre y encontrará toda la alegría y todo lo que necesite.

Así que tenemos provisiones puesto que somos guiados por ese ángel que va delante de nosotros, y debemos aferrarnos a eso con toda la fuerza que tenemos.

Crea que el rostro sonriente de Dios se ha vuelto hacia nosotros. No deje que nadie siembre semillas de duda con respecto a esto.

Si eso es así, y lo es, ¿por qué no disfrutamos ser cristianos? ¿Por qué entonces, como creyentes, no difundimos la brillante iluminación divina del Salvador Jesucristo? ¿Por qué no sentimos el fuego divino en nuestros corazones? ¿Por qué no nos esforzamos por sentir y experimentar el sentimiento de reconciliación con Dios?

¿Por qué es que las velas de nuestras almas no se queman con más intensidad incluso ahora?

La razón es simplemente porque entre nosotros y el rostro sonriente de Dios hay una nube obstructora que impide que nos veamos.

¿Cómo podemos describir esa nube obstructora? No solemos escuchar que se discuta este tema. Es esa nube la que permitimos que esté sobre nosotros, la cual oculta la alegría, el asombro y la admiración del rostro de Dios que resplandece sobre nosotros.

Esta nube obstructora puede manifestarse en muchas maneras para el cristiano.

Puede ser la nube del orgullo, por ejemplo. Usted es el hijo de su Padre y el cielo es su hogar, pero toda la vida puede pasarla sin sentir el fuego divino en su corazón ni experimentar el sentimiento de reconciliación con Dios. Esto puede llevar a momentos de desaliento.

El diablo tratará de decirnos: "Dios te odia. Te ha dado la espalda".

Sin embargo, Dios nunca le ha dado la espalda a ninguno de sus hijos desde la hora en que Jesús clamó y murió en la cruz diciendo: "Todo se ha cumplido" (Juan 19:30). Si creemos la mentira del diablo, estamos bajo la sombra de esa nube.

El rostro de Dios siempre se torna hacia nosotros, pero si dejamos que la nube de terquedad se imponga, no veremos su rostro. Algunas personas son simplemente obstinadas, por lo que no se doblegan. No se arrodillarán ante hombre, Dios ni ante nadie, excepto ante la ley. Dios declaró a Israel: "Porque yo sabía que eres muy obstinado; que tu cuello es un tendón de hierro, y que tu frente es de bronce" (Isaías 48:4). Él no podía hacer que cedieran a causa de su terquedad.

El rostro de Dios también se oculta cuando permitimos que la nube de nuestra voluntad se interponga entre Él y nosotros. La voluntad propia puede volverse una cosa religiosa y entrar directamente a la iglesia con usted cuando va a orar. Su voluntad le es grata solo cuando se sale con la suya, pero se malhumora y es indiferente cuando algo la afecta.

Luego está la nube de la ambición. Ya sabe que hay incluso ambiciones religiosas. Hay personas con ambiciones religiosas para algo que tal vez no esté en la voluntad de Dios o que es para el engrandecimiento personal. Y el resultado es una nube entre esas personas y su Dios.

Esta nube puede ser de ambiciones, terquedad, voluntad propia, orgullo y cualquier otra cosa que el Espíritu Santo pueda señalarle. Sólo usted sabe lo que es. No obstante, como amante celoso, Dios no permite rival alguno. Cualquiera que se constituya en su rival, es una nube entre Dios y nosotros.

Algunos de ustedes, queridos cristianos, han estado caminando bajo una nube durante mucho tiempo. Usted no es la excepción; simplemente no puede serlo porque ha intentado orar a su manera. Pero esto no funciona así. Usted debe inclinarse, poner todas esas cosas entre todas las criaturas que Dios hizo y usted, y luego mirar la luz del sol. Luego cálmese, puesto que no hay nada que pueda hacer. ¿Qué puede hacer una persona? No puede llenarse con el Espíritu Santo, ni puede limpiar su propio corazón. Dios es el que tiene que hacer eso y está ansioso por hacerlo, si es que podemos usar la palabra *ansioso* cuando nos referimos a Dios. Sin embargo, por más que Dios esté a nuestro favor, puede esperar antes de despejar la nube que nos perturba.

Entre tanto, nos recostamos, nos desanimamos. Hemos estado en muchos altares y leído muchos libros, pero aún la nube se cierne sobre nosotros.

Atrévase a poner las nubes obstructoras bajo sus pies y dirija su vista hacia la luz del sol —al Señor Jesús—, sin tratar de decirle qué hacer o cómo hacerlo. Solo mírelo a Él y déjelo obrar.

Yo acepto, Él se encarga

Estrecho la mano del amor divino,
Reclamo mi dichosa promesa,
Y este refrendo eterno,
"Yo acepto, Él se encarga".

Te acepto, Señor bendito,
Me entrego a ti;
Y tú, conforme a tu Palabra,
Te encargas de mí.

Albert B. Simpson (1843-1919)

Notas

Capítulo 4: Confiemos en que el Espíritu Santo nos guía

1. Raymond Bernard Blakney, trans., *Meister Eckhart: A Modern Translation* (New York: Harper & Row Publishers, Incorporated, 1941), 22, https://archive.org/details/in.ernet.dli.2015.65849.

Capítulo 8: Un lugar preparado para un pueblo preparado

1. William R. Newell, *Romans Verse-by-Verse* (Grand Rapids, MI: Kregel Publications, 1994), 82, https://books.google.com/books?id=JjkeUIl7jBwC.